基层治理现代化视角下的
县级预算绩效管理实践
以平原县为例

刘吉杰　著

中国海洋大学出版社
·青岛·

图书在版编目（CIP）数据

基层治理现代化视角下的县级预算绩效管理实践：
以平原县为例 / 刘吉杰著. -- 青岛：中国海洋大学出
版社，2025. 9. -- ISBN 978-7-5670-4275-9

Ⅰ. F812. 752. 4

中国国家版本馆 CIP 数据核字第 2025CR3900 号

基层治理现代化视角下的县级预算绩效管理实践：以平原县为例
JICENG ZHILI XIANDAIHUA SHIJIAO XIA DE XIANJI YUSUAN JIXIAO
GUANLI SHIJIAN: YI PINGYUANXIAN WEI LI

出版发行	中国海洋大学出版社			
社　　址	青岛市香港东路 23 号		邮政编码	266071
出 版 人	刘文菁			
网　　址	http://pub.ouc.edu.cn			
订购电话	0532－82032573（传真）			
责任编辑	邵成军　刘怡婕		电　　话	0532－85902533
印　　制	日照日报印务中心			
版　　次	2025 年 9 月第 1 版			
印　　次	2025 年 9 月第 1 次印刷			
成品尺寸	170 mm ×240 mm			
印　　张	13. 5			
字　　数	240 千			
印　　数	1—1 000			
定　　价	59. 00 元			

目 录

CONTENTS

第一章
预算绩效管理概论

第一节　预算绩效管理的相关概念

一、绩效、预算及预算绩效管理的概念

(一)绩效的概念

"绩效"一词最初来源于企业管理。绩效,指个人或组织等通过努力和投入所形成的产出和结果,以及产出和结果的合理性、有效性。

绩效与传统的行政效率既有联系又有区别,它们都讲求以最少的行政消耗获得最大的行政效果。但是,行政效率多是针对具体的行政行为,侧重于行政内部关系,即命令的执行情况。绩效涉及的主体行为,既有具体的行政行为,也有抽象的行政行为,更注重行政与社会、行政与公民的关系,即支出的外部效果。因此可以说,绩效是一个在内涵、测量机制等诸多方面都比行政效率更复杂、更综合的范畴。在整个政府改革进程中,绩效问题是一个比行政效率更加重要的焦点问题。其本质上是政府的发展观和政绩观的具体体现。(曹堂哲,罗海元,孙静,2017)

(二)预算的概念

预算是指经法定程序审核批准的、具有法律效力的政府年度财政收支计划,它是政府筹集、分配和管理财政资金以及进行宏观调控的重要工具,主要包括以下几个方面的含义。

从形式上看,政府预算是按一定标准将财政收入和支出分门别类地列入特

定的表格,以反映政府的财政收支状况。预算表格能够清晰地展示政府在一定时期内(通常为一年)各项收入的来源和各项支出的去向,使政府的财政活动一目了然。例如,在我国的政府预算表格中,会详细列出税收收入、非税收入等各类收入项目,以及教育支出、社会保障支出、国防支出等各项支出项目。

从内容上看,政府预算反映了政府对财政资金的筹集和使用计划。它规定了政府在一定时期内为实现其职能和政策目标所需的资金规模及来源,以及这些资金将用于哪些具体的领域和项目。例如,政府为了加强基础设施建设,在预算中会安排一定数额的资金用于修建公路、铁路、桥梁等项目,并明确资金是通过税收、债券发行等何种方式筹集。

从性质上看,政府预算是具有法律效力的文件。它经法定程序审批后,就成为政府必须遵守的财政收支计划,具有权威性和严肃性。任何部门和单位都不得随意更改预算内容、突破预算限额,必须按照预算规定的用途和金额使用财政资金。若要对预算进行调整,也需要经过严格的法定程序。

从作用上看,政府预算是政府进行宏观经济调控的重要手段。政府可以通过调整预算收支规模和结构,来影响社会总需求和总供给的平衡关系,进而实现经济增长、稳定物价、促进就业等宏观经济目标。例如,在经济衰退时,政府可以通过增加预算支出、减少税收等扩张性财政政策来刺激经济增长;在经济过热时,则可以采取减少预算支出、增加税收等紧缩性财政政策来抑制通货膨胀。

政府预算对于保障政府职能的履行、促进经济社会的发展以及维护国家的稳定都具有重要意义,它体现了政府活动的范围、方向和政策意图。

(三)预算绩效管理的概念

预算绩效管理是以预算为对象开展的绩效管理,是政府绩效管理的重要组成部分,它将绩效理念和方法融入预算管理的全过程,以提高财政资金使用效益为目标,主要内容如下。

1. 核心内涵

以绩效为导向。预算绩效管理改变了传统预算管理中只注重资金分配和使用的模式,将重点放在资金使用所产生的效果和效益上。在编制预算时,就要明确各项支出预期达到的绩效目标,使预算安排与绩效目标紧密挂钩。例如,在安排教育经费预算时,不再仅仅关注投入了多少资金,而是更关注这些资金能否提高学生的升学率、提升教育质量等具体的绩效目标。

全过程管理。预算绩效管理涵盖预算编制、执行、监督和评价的各个环节。

在预算编制阶段,要进行绩效目标设定和审核;预算执行过程中,要对绩效目标的实现情况进行跟踪监控;预算执行结束后,要开展绩效评价,并根据评价结果进行反馈和应用,形成一个完整的管理闭环,确保财政资金从"入口"到"出口"都受到严格的绩效管理。

强调责任和效率。进行预算绩效管理需要明确各部门和单位在预算管理中的绩效责任,促使其更加科学合理地安排和使用财政资金,提高资金的使用效率和效益。各部门需要对自己所负责的预算项目的绩效结果负责,避免资金浪费和低效使用的情况发生。例如,卫生部门要对用于公共卫生项目的资金绩效负责,确保资金能够有效提升公共卫生服务水平,减少疾病发生率等。

2. 主要目的

提高资金效益。通过对预算资金的全过程绩效管理,优化资源配置,确保财政资金投向最有需要、最能产生效益的领域和项目,使有限的资金发挥出最大的经济效益和社会效益。比如,通过科学的绩效评价,发现一些基础设施建设项目的资金使用效率低下,就可以及时调整资金投向或改进项目管理,提高资金的使用效果。

增强预算科学性。将绩效目标、绩效评价等引入预算管理,使预算编制更加科学、合理、精准。以绩效为依据来确定预算资金的分配额度和方向,避免预算编制中的盲目性和随意性,提高预算的准确性和前瞻性。

促进政府职能转变。推动政府部门从传统的注重资金分配向注重资金使用效果转变,强化政府部门的绩效意识和责任意识,提高政府管理的效率和服务质量,更好地满足社会公众对公共服务的需求。例如,促使政府部门更加关注民生项目的实施效果,不断改进服务方式和管理模式,提升公众对政府的满意度。

3. 实施意义

对于财政管理,有助于优化财政支出结构,提高财政资金的安全性、规范性和有效性,增强财政可持续性,使财政资金能够更好地支持经济社会的发展。

对于政府治理,有利于提高政府决策的科学性和民主性,提升政府的公信力和执行力,促进政府治理体系和治理能力现代化,使政府能够更加高效地履行职能,实现国家的战略目标和社会的和谐发展。(高培勇,2014)

对于社会公众,能够保障社会公众的知情权和监督权,使公众了解财政资金的使用情况和效果,增强公众对政府的信任,同时也促使政府更加关注民生福祉,提供更优质的公共服务。

二、预算绩效的管理体系

预算绩效的管理体系是一个涵盖事前评估、绩效目标管理、绩效指标体系、绩效运行监控、绩效评价管理等多方面内容的有机整体，主要包括以下内容。

（一）事前绩效评估

事前绩效评估是预算绩效管理的重要环节，主要是在项目实施或政策出台前，对其必要性、可行性、合理性等方面进行全面评估，以确保财政资金的有效使用。以下是其主要内容。

1. 项目或政策的必要性评估

与战略规划的契合度：评估项目或政策是否与国家、地区的长期发展战略和规划相符合。例如，地方政府计划实施的产业升级项目，需要考察其是否与当地的"十四五"产业发展规划方向一致，是否有助于实现规划中提出的产业发展目标。

解决社会问题的程度：分析项目或政策要解决的社会问题是否真实存在且紧迫。例如，在评估老旧小区改造政策时，要考虑当地老旧小区存在的设施老化、环境脏乱等问题对居民生活的影响程度，以及改造政策对解决这些问题的针对性和有效性。

需求的广泛性和迫切性：了解社会公众对项目或政策的需求程度，以及该需求是否具有普遍性。以公共交通优化项目为例，需调查居民对改善交通状况的需求是否强烈，是否涉及大量居民的日常出行问题。

2. 项目或政策的可行性评估

技术可行性：考察项目或政策在技术层面是否可行，是否具备相应的技术条件和技术能力。例如，在评估新能源汽车研发项目时，要评估企业或科研机构是否拥有先进的电池技术、电机技术等核心技术，以及是否具备相应的研发设备和技术人才。

经济可行性：分析项目或政策的成本效益情况，包括项目的建设成本、运营成本以及可能产生的经济效益和社会效益。例如，建设跨海大桥项目，要评估项目的投资规模、资金来源，以及建成后对区域经济发展的带动作用，如促进贸易往来、增加旅游收入，判断其是否能实现经济上的合理回报。

管理可行性：评估项目或政策在组织管理方面的可行性，包括项目的管理模式、组织架构、人员配备等是否合理。例如，对于大型水利工程项目，要考察项目建设单位的管理经验、人员专业素质，以及是否建立了完善的质量监督、安全管理等制度。

环境可行性：考虑项目或政策对自然环境和社会环境的影响，是否符合环境保护要求和社会稳定要求。例如，在建设化工项目时，要评估其对周边空气、水质、土壤等环境的影响，以及是否会引发当地居民的反对等社会稳定问题。

3. 项目或政策的合理性评估

资金分配的合理性：审查项目或政策的资金预算安排是否科学合理，是否与项目的规模、目标和实施计划相匹配。例如，在评估教育扶贫项目资金分配时，要考察资金是否根据贫困地区学校的数量、学生人数、贫困程度等因素进行合理分配，是否存在资金过度集中或不足的情况。

绩效目标的合理性：评估项目或政策设定的绩效目标是否明确、具体、可衡量、可实现、有时限。例如，某环保政策设定的绩效目标是一年内将城市空气质量优良天数比例提高到80%以上，需要分析这一目标是否符合当地的实际情况和环境治理能力，是否具有可操作性。

资源配置的合理性：分析项目或政策所需的人力、物力、财力等资源的配置是否合理，是否存在资源浪费或资源不足的情况。以文化旅游项目为例，要评估在景区建设、宣传推广、人员培训等方面的资源投入是否与项目的发展需求相适应。

4. 风险评估

识别潜在风险：全面识别项目或政策实施过程中可能面临的各种风险，如市场风险、技术风险、政策风险、自然风险。例如，农业种植项目可能面临市场价格波动导致农产品滞销的市场风险，也可能面临干旱、洪涝等自然灾害风险。

分析风险影响程度：评估各种风险一旦发生可能对项目或政策产生的影响程度，包括对项目进度、成本、质量以及预期效益的影响。例如，在分析房地产调控政策风险时，要考虑政策调整可能对房地产企业的资金回笼、项目开发进度以及市场销售情况的影响程度。

5. 提出应对措施

针对识别出的风险，制定相应的风险应对措施，降低风险发生的可能性或减轻风险发生时的影响程度。例如，对于存在市场风险的项目，可以采取制定多元化的市场拓展策略、建立价格预警机制等应对措施。

（二）绩效目标管理

1. 绩效目标设定

在预算编制阶段,要求各部门和单位根据事业发展规划和年度工作任务,明确具体、可衡量、可实现、相关联、有时限的绩效目标。例如,教育部门在编制年度预算时,要设定如"本年度内将某地区小学适龄儿童入学率提高到99%以上"等具体目标。

2. 目标审核

财政部门或相关审核机构对各部门和单位报送的绩效目标进行审核,确保目标的合理性、相关性和明确性。审核通过的绩效目标将作为预算安排和绩效评价的重要依据。

3. 目标批复

财政部门将审核后的绩效目标随预算一并批复给各部门和单位,作为其执行和考核的依据,使预算资金的使用方向和预期效果更加清晰。

（三）绩效指标体系

共性指标:适用于所有部门和单位的一般性指标,如预算执行率、资金使用合规性,用于衡量预算管理的基本情况和资金使用的规范性。

个性指标:根据不同部门、行业和项目的特点和要求,设置具有针对性的指标,如环保部门的"空气质量优良天数达标率"、交通部门的"某条公路的通行能力提升率",以准确反映特定项目或工作的绩效情况。

（四）绩效运行监控

1. 监控内容

对预算执行进度和绩效目标实现程度进行双监控。一方面关注资金是否按照预算安排及时、足额拨付和使用;另一方面跟踪绩效目标的完成情况,如项目的实施进度、指标的完成进度。例如,在某水利工程项目实施过程中,监控资金是否按计划用于工程建设,以及工程是否按时间节点推进,是否达到了预期的建设进度目标。

2. 监控方式

采用定期报告、专项检查、信息系统监控等多种方式。各部门和单位定期报送预算执行和绩效目标完成情况报告,财政部门适时开展专项检查,同时利用信息化手段对预算执行和绩效情况进行实时监控。

3. 监控结果处理

对监控中发现的问题及时采取措施进行整改。例如,发现资金使用进度缓慢,可督促相关部门加快资金拨付和使用;若绩效目标偏离预期,要分析原因,调整实施计划或采取补救措施,确保绩效目标的最终实现。

(五)绩效评价管理

1. 评价主体

评价主体包括财政部门、主管部门和第三方评估机构等。财政部门负责组织和指导整体的绩效评价工作;主管部门对本部门及下属单位的预算项目进行自评;第三方评估机构则凭借其专业性和独立性,对一些重大项目或重点领域进行客观公正的评价。

2. 评价对象

评价对象涵盖部门整体预算、项目预算和政策预算等。例如,对某部门年度整体预算资金的使用效果进行评价,看其是否实现了部门的各项职能目标;对特定的扶贫项目预算进行评价,了解资金是否有效帮助贫困地区脱贫等。

3. 评价方法

评价方法有成本效益分析法、比较法、因素分析法、公众评判法等。例如,通过成本效益分析法,计算某环保项目投入的资金与带来的环境效益、经济效益之间的关系,判断项目的可行性和绩效水平。

4. 评价结果应用

评价结果应用是指将绩效评价结果与预算安排、政策调整、责任追究等挂钩;对于绩效好的项目或部门,在预算安排上给予适当倾斜;对于绩效差的,要求其整改,甚至减少下一年度的预算资金。

(六)绩效管理的组织保障

1. 管理机构

各级政府和部门要设立专门的预算绩效管理机构或明确相关职责部门,负责组织、协调和推进预算绩效管理工作。如财政部门内部设立预算绩效管理处,负责制定政策、组织评价等工作。

2. 制度建设

建立健全预算绩效管理制度体系,包括绩效目标管理办法、绩效评价管理办法、绩效结果应用办法等一系列规章制度,为预算绩效管理工作提供制度保障和规范依据。

3. 信息系统

建设预算绩效管理信息系统,实现绩效目标管理、运行监控、评价结果等信息的互联互通和共享,提高管理效率和信息化水平,为预算绩效管理提供技术支撑。

（七）绩效信息公开

1. 公开内容

将预算绩效目标、绩效评价结果等信息向社会公开,接受公众监督,如在政府网站上公开某重大民生项目的预算金额、预期绩效目标以及项目实施后的绩效评价得分和结果。

2. 公开范围

公开范围涵盖所有使用财政资金的部门和单位以及重点项目和政策,确保公众的知情权和监督权,提高财政资金使用的透明度和公信力。

第二节 预算绩效管理的理论和政策依据

一、理论依据

目前,我国政府开展预算绩效管理的理论基础主要有以下几个。

（一）公共财政理论

公共财政是指在市场经济条件下,为满足社会公共需要而进行的政府收支活动模式或财政运行机制模式。公共财政理论强调,政府作为公共财政的具体执行者,通过预算绩效管理,将财政资金投向教育、医疗、社会保障等公共服务领域,旨在实现资源的优化配置,提高公共产品和服务的供给效率与质量,以满足居民的公共需求,促进社会公平和经济社会的协调发展。

（二）委托代理理论

委托代理理论指,在预算管理中,公众将财政资金的管理和使用权力委托给政府,政府作为代理人负责具体的预算执行等工作。由于信息不对称等问题,可能存在代理人偏离委托人目标的情况。预算绩效管理通过建立绩效目标、绩效监控和评价等机制,明确委托代理双方的权利和义务,对代理人的行为进行监督和约束,促使政府更好地履行受托责任,提高财政资金使用效益,实现委托人（公众）的利益最大化。

（三）新公共管理理论

新公共管理理论强调将企业管理的理念和方法引入公共部门,注重效率、效能和结果导向。政府开展预算绩效管理,借鉴新公共管理理论,在预算编制过程中设定清晰的绩效目标和指标,引入竞争机制和绩效评估,实行成本控制,提高财政资金使用的效率和效益,增强政府部门的管理效能,使政府管理更具回应性和责任性,以更好地满足社会需求。

（四）成本效益理论

成本效益理论要求在经济活动中对成本和效益进行分析比较,以最小的成本获取最大的效益。政府在预算绩效管理中,运用成本效益分析方法,对预算项目的投入成本和预期产出效益进行评估和衡量。在项目决策阶段,通过成本效益分析判断项目的可行性和必要性,合理分配财政资源;在项目执行过程中,监控成本支出和效益实现情况,及时调整优化,确保财政资金的使用达到最佳的成本效益比。

（五）政府治理理论

政府治理理论强调政府与社会、市场等多元主体之间的合作与互动,以实现公共利益的最大化。政府预算绩效管理是政府治理的重要组成部分,通过与社会公众、企业等主体的沟通与合作,广泛征求意见,将各方需求纳入预算绩效目标,提高预算决策的科学性和民主性。同时,利用绩效评价结果推动政府部门改进管理,加强与其他主体的协同合作,提升政府治理能力和治理水平,实现经济社会的可持续发展。

二、实施预算绩效管理的政策依据

早在 2003 年,党的十六届三中全会提出了"建立预算绩效评价体系"的要求,开始了财政资金寻求绩效管理的探索。为落实中央会议精神,2004 年起,财政部等相关部门相继出台了《关于中央经济建设部门部门预算绩效考评管理办法(试行)》(财建〔2004〕354 号)(2011 年 2 月 21 日失效)、《中央级教科文部门项目绩效考评管理办法》(财教〔2005〕149 号)、《中央企业综合绩效评价实施细则》(国资发评价〔2006〕157 号)等制度文件,在中央级财政开始了绩效管理试点探索。2008 年 2 月,党的十七届二中全会要求"推行政府绩效管理和行政问责制度"。2012 年 11 月,党的十八大提出"创新行政管理方式,提高政府公信力和执行力,推进政府绩效管理"。2013 年,财政部出台了《预算绩效评价共性指标体系框架》(财预〔2013〕53 号)。2017 年,党的十九大提出"加快建立现代财政制度,建立全面规范透明、标准科学、约束有力的预算制度,全面实施绩效管理",将绩效管理上升为国家战略。2018 年 9 月,中共中央、国务院下发了《关于全面实施预算绩效管理的意见》(中发〔2018〕34 号)(以下简称《意见》),这是预算绩效管理实施过程中具有里程碑意义的文件。这个文件的发布,表明预算绩效管理从部门推动上升到国家层面,从局部探索到全面实施,从事后评价到目标管理与评价相结合,从资金绩效拓展到政策绩效,从项目绩效覆盖到单位、部门整体绩效;并在管理机制上从"要我有绩效"转变为"我要有绩效"。党的二十大提出了"健全现代预算制度"的要求,为做好新时代新征程财政预算工作指明了方向、提供了遵循。

省级层面上,为落实中央工作要求,2019 年,中共山东省委、山东省人民政府印发了《关于全面推进预算绩效管理的实施意见》(鲁发〔2019〕2 号),省政府办公厅相继印发了《山东省省级部门单位预算绩效管理办法》《山东省省对下转移支付资金预算绩效管理办法》,形成具有山东特色的 1+2 预算管理顶层制度体系。

在法律层面上,2015 年新实施的《中华人民共和国预算法》第十二条规定"各级预算应当遵循统筹兼顾、勤俭节约、量力而行、讲求绩效和收支平衡的原则",首次将讲求绩效提升为预算管理的原则之一;同时规定了绩效目标管理、开展绩效评价、绩效评价结果应用,在预算编制、预决算审查等环节明确了预算绩效管理的要求,为预算绩效管理提供了法律保障。2020 年 10 月 1 日起施行的《中华人民共和国预算法实施条例》进一步细化完善了预算绩效管理有关要求:明确了全口径部门预算绩效管理制度,完善了全过程预算绩效管理链条,加入了绩效监控内容;进一步明确了财政部门和各部门、各单位在预算绩效管理中的职责;硬化了绩效约束,规定了绩效评价结果的应用等;提出了建立项目库及入库评审机制要求。

第三节 基层治理现代化与县级预算绩效管理

基层治理现代化是国家治理体系和治理能力现代化的重要组成部分,其核心是通过制度创新、技术赋能和多元协同,构建高效、透明、法治化、人性化的基层社会治理模式,实现从传统"管控型"向现代"服务型"治理的转型。

一、基层治理现代化对财政工作的要求

党的十八大以来,习近平总书记深入研判我国基层治理面临的新形势新问题,围绕加强和创新基层治理作出一系列重要论述,强调"必须抓好基层治理现代化这项基础性工作""必须把抓基层打基础作为长远之计和固本之举""要把服务群众、造福群众作为基层治理的出发点和落脚点"等,为基层治理现代化提供了思想指引和根本遵循。党的十八届三中全会提出"加快形成科学有效的社会治理体制,确保社会既充满活力又和谐有序",为基层治理现代化在社会治理体制方面指明了方向。党的十九大将党领导基层社会治理写入党章,为以党建引领基层治理提供了党内法规依据,还提出"打造共建共治共享的社会治理格局",为基层治理现代化明确了治理格局的目标。党的十九届四中全会把构建基层社会治理新格局作为重要内容进行部署,要求坚持和完善共建共治共享的社会治理制度,建设人人有责、人人尽责、人人享有的社会治理共同体,为做好新时代基层治理工作明确了思想指引。2021 年发布的《中共中央 国务院关于加强基层治理体系和治理能力现代化建设的意见》,就加强基层治理体系和治理能力现代化建设的指导思想、工作原则、主要目标、重点任务、组织保障等作了前瞻性布局、全局性谋划、系统性部署,是推进新时代基层治理现代化建设的纲领性文件。党的二十大报告强调"坚持大抓基层的鲜明导向""推进以党建引领基层治理",进一步明确了基层治理的工作导向和引领方式。党的二十届三中全会指出坚持和发展新时代"枫桥经验",健全党组织领导的自治、法治、德治相结合的城乡基层治理体系,完善共建共治共享的社会治理制度,为基层治理现代化的具体路径和制度完善提出了要求。

推进基层治理现代化对财政工作在资金保障、预算管理、财政政策、资金监管、服务能力等方面提出了一系列要求,具体如下。

（一）资金保障方面

一要加大投入力度。要确保有充足的资金用于基层基础设施建设、公共服务供给、社区治理等领域。例如，在老旧小区改造中，财政需提供足够资金用于房屋修缮、管网改造、加装电梯等项目，改善居民生活环境。

二要优化支出结构。合理调整财政支出方向，向基层民生领域倾斜。例如，增加对基层教育、医疗、养老等服务的投入，提高基本公共服务的可及性和均等化水平，让基层群众能够享受更优质的公共服务。

三要建立稳定投入机制。通过制定相关政策和制度，保障对基层治理的财政投入能够持续稳定增长，不受经济波动等因素的较大影响，为基层治理的长期发展提供坚实的资金基础。

（二）预算管理方面

一要进行精准科学的预算编制。要充分考虑基层治理的实际需求和特点，深入了解基层各项工作的资金需求情况，运用科学的方法和模型进行预算编制；同时，加强对预算编制的审核和监督，确保预算的准确性和合理性。

二要进行严格的预算执行与控制。预算一经确定，必须严格执行，强化预算的严肃性和约束力。建立健全预算执行监控机制，实时跟踪财政资金的使用情况，及时发现和解决预算执行过程中出现的问题，防止资金浪费和滥用。

三要强化预算绩效管理。将绩效理念贯穿于基层财政预算管理全过程，建立科学合理的绩效评价指标体系，针对基层治理项目和资金使用情况，构建一套科学合理、全面系统的绩效评价指标体系，对基层治理项目的资金使用效果进行全面评价，将绩效评价结果与预算安排、资金分配、政策调整等挂钩，根据评价结果调整预算安排和改进管理措施，对绩效好的项目和单位给予更多的资金支持和政策激励，对绩效差的进行问责和整改，形成以绩效为导向的财政资金管理机制，不断提高财政资金的使用效益。

（三）财政政策方面

一要制定激励政策。运用财政补贴、税收优惠等政策工具，鼓励社会力量参与基层治理。例如，对参与社区养老服务的企业给予税收减免或财政补贴，提高社会力量参与的积极性，丰富基层治理的资源和主体。

二要支持创新发展。安排专项资金支持基层治理模式、技术手段等方面的创新。例如，鼓励基层运用大数据、人工智能等技术提升治理效能，对相关创新项目给予财政资金支持，推动基层治理的数字化、智能化发展。

三要促进区域均衡。通过财政转移支付等手段,调节不同地区基层治理的财力差距,促进区域间基层治理水平的均衡发展,确保贫困地区和经济欠发达地区也能够有足够的资金和资源开展基层治理工作。

(四)资金监管方面

一要完善监管体系。构建全方位、多层次的财政资金监管体系,涵盖资金分配、使用、管理等各个环节,确保财政资金安全、规范、高效使用。充分利用信息化手段,建立财政资金监管信息平台,实现对财政资金的实时监控和动态管理。

二要加强内外部监督。内部监督方面,强化财政部门自身的监督检查职能,定期对财政资金使用情况进行自查和自纠;外部监督方面,充分发挥人大、审计、纪检监察等部门以及社会公众和媒体的监督作用,形成监督合力,提高财政资金使用的透明度和公信力。

(五)财政服务能力方面

一要提升服务意识与水平。财政部门要树立以基层为中心的服务理念,主动了解基层治理的需求和困难,为基层提供优质、高效的财政服务。简化财政资金审批流程和办事程序,提高服务效率,为基层治理主体提供便利。

二要加强人才队伍建设。基层治理现代化需要一支高素质、专业化的财政人才队伍。加强财政干部的培训和教育,提高其业务能力和综合素质,使其具备适应新时代基层治理要求的财政管理和服务能力。

二、基层财政工作当前面临的形势

在国家财政体系与基层治理架构中,县级财政与基层治理举足轻重,为地方经济社会的稳健前行筑牢根基。然而,当下县级财政收支存在一定矛盾,须加快提升基层治理现代化水平。

(一)财政收入动力不足

在经济增速换挡与产业结构深度调整的双重影响下,县域经济增长受限,县级财政收入增长动力不足。传统产业在市场竞争与技术革新的浪潮中,发展步伐逐渐放缓,对财政收入的贡献相对有限。与此同时,新兴产业仍处于萌芽与培育阶段,短期内难以成长为支撑财政收入的中流砥柱。以资源型县域为例,长期依赖资源开采与初加工的产业模式,随着资源的减少,产业发展速度放缓,相关税收有所缩水,财政收入增长受限。

（二）财政支出刚性攀升

在财政支出端,县级财政刚性支出压力较大。教育、医疗、社会保障等民生领域的支出需求持续增长,且具有较强的刚性,削减难度较大。为了提升教育质量,缩小城乡教育差距,需要加大对学校基础设施建设、师资队伍培养的投入,改善教学条件,提升教育信息化水平。在医疗卫生领域,为了应对人口老龄化和群众日益增长的健康需求,必须不断更新医疗设备、优化医疗服务流程、提高医疗技术水平,这些都离不开大量的资金支持。

在乡村振兴战略全面推进的过程中,农村基础设施建设、农业产业发展、农村人居环境改善等方面都需要县级财政投入大量资金。然而,在一些经济欠发达地区,县级财政收入增长有限,逐渐难以满足日益增长的刚性支出需求。

（三）债务风险情况值得关注

为了推动地方经济发展和基础设施建设,一些县级政府须争取更多的债券资金支持。但随着债券资金规模的上升,债务潜在风险也逐渐显现,偿债压力增加。债务风险可能会干扰县级财政的平稳性,增加金融风险的不确定性。(贾康,2018)

（四）基层治理现代化水平有待提高

面对县级财政当前的形势,提升基层治理现代化水平是必然选择。现代化的基层治理能够实现财政资源的科学配置,通过大数据、人工智能等现代技术手段,精准识别基层需求,将有限的财政资金投向最急需、最关键的领域,提高资金使用效率。在乡村振兴项目中,利用现代化的治理手段,对农村产业发展项目进行充分的市场调研和可行性评估,选择具有发展潜力和市场前景的项目给予重点支持,避免资金的盲目投入和浪费,实现财政资金的效益最大化。

加强基层治理现代化建设,能够优化县域营商环境,吸引更多企业投资兴业。通过简化行政审批流程、提高政务服务效率、加强知识产权保护等措施,激发市场主体活力,促进产业发展,从而增加财政收入。一些地方通过打造"一站式"政务服务平台,实现企业开办、项目审批等事项的快速办理,吸引了大量企业入驻,为财政收入增长注入了新动力。

现代化的基层治理还能够建立健全风险预警和防控机制,通过对财政收支、债务规模等数据的实时监测和分析,及时发现潜在的风险点,并采取有效的措施加以防范和化解。建立财政风险评估指标体系,对债务风险进行量化评估,提前制订应对预案,确保财政运行安全。

只有不断提升基层治理现代化水平,才能有效化解财政困境,实现县域经济社会的可持续发展。(丛树海,2017)在未来的发展中,应高度重视县级财政问题,积极推进基层治理现代化建设,通过完善治理体系、提高治理能力,为县级财政的稳定和发展提供有力保障。

第四节 县级财政推进预算绩效管理的实践路径

为深入贯彻落实中央、省、市关于全面实施预算绩效管理的决策部署,构建县级全方位、全过程、全覆盖的预算绩效管理体系,提高财政资源配置效率和使用效益,县级单位应严格依据上级文件和政策要求,结合县级情况实际,制订县级实施方案。

一、县级预算绩效管理的概念

从县级财政的角度来说,绩效就是指用县财政的钱办事,最后办得怎么样、有没有达到预期的效果。

诺贝尔经济学奖获得者弗里德曼曾说过:"花自己的钱办自己的事,最有效率;花自己的钱给别人办事,最为经济;花别人的钱为自己办事,最为浪费;花别人的钱为别人办事,最不负责任。"

弗里德曼的这一番话看似简单,实则蕴含着深刻的经济学智慧,对预算绩效管理工作有着诸多宝贵的启示。

"花自己的钱办自己的事,最有效率",这就如同企业的老板,每一分钱都从自己口袋里掏出来用于企业发展,他们会精打细算,充分考量每一项投入的产出效益。在预算绩效管理中,这启示我们要明确预算执行主体的责任和利益关联。当预算执行主体对预算资金有着切身的利益诉求时,他们会更积极地提高资金使用效率。例如,在政府的一些民生项目中,可以让项目实施单位与项目的效益挂钩,若项目能高效完成并达到预期效果,实施单位可获得一定奖励,反之则要承担相应责任,这样就能激发他们的积极性,让每一笔预算资金都花在刀刃上。

"花自己的钱给别人办事,最为经济",这就像热心的邻居用自己的钱帮他人购买生活用品,会仔细挑选性价比最高的商品。在预算绩效管理中,这提醒我们要强化成本意识。即使是为了公共利益使用预算资金,也要像花自己的钱一样谨慎。在编制预算时,要充分进行市场调研,对各项支出进行合理规划,避免盲目追求高标准、高规格,杜绝浪费。以公共基础设施建设为例,不能一味追求豪华的设计和高端的材料,而应根据实际需求和经济实力,选择最合适的建设方案,确保在满足公共需求的前提下,最大限度地降低成本。

"花别人的钱为自己办事,最为浪费",这类似于一些人在使用公款消费时,毫无节制地吃豪华大餐、住高档酒店。在预算绩效管理中,这警示我们要加强对预算权力的监督和约束。如果没有有效的监督机制,预算执行主体可能会为了自身利益滥用预算资金。要建立健全严格的预算审批和监督制度,对预算资金的使用方向、使用过程进行全程监控,一旦发现违规行为,要严肃追究责任。比如,对政府部门的公务接待费用,要明确标准和审批流程,防止借公务之名行奢侈浪费之实。

"花别人的钱为别人办事,最不负责任",这就像一些人在代买东西时,因为不是花自己的钱,也与自己关系不大,就随意应付。在预算绩效管理中,这强调了要明确责任主体。每一笔预算资金的使用都要有明确的责任人,确保资金使用的每一个环节都有人负责。可以建立预算绩效问责机制,对预算执行不力、未能达到预期绩效目标的责任人进行问责,让他们切实承担起应有的责任,保证预算资金的合理使用和有效管理。

弗里德曼的观点为预算绩效管理工作提供了清晰的思路和方向。通过明确责任、强化成本意识、加强监督等措施,我们能够更好地提升预算绩效管理水平,让每一笔预算资金都发挥出最大的效益,为经济社会的发展提供有力的支持。

例如,一个县打算用财政预算给村里修一条路,这时候绩效就体现在以下几个方面。

首先是把事做完没有。这条路得按照计划修完,要是钱花了,路只修了一半,那肯定不行,这就是最基本的任务完成情况,也就是绩效的一个重要表现。就像我们买东西,钱花了,东西得拿到手才行。

其次是事办得好不好。路不仅要修完,还得质量过关,不能一下雨就坑坑洼洼,或者用不了多久就坏了。例如购买手机,不仅要拿到手机,还得手机质量好,用着顺手,各种功能都正常,这才叫满意。在修路上,质量好就是绩效好的一个重要体现。

然后是有没有达到预期效果。修这条路是为了方便村民出行、让农产品更好地运出去卖,要是路修好了,村民出门确实方便多了,农产品也能顺利运到城里卖个好价钱,带动了村里的经济发展,就说明达到了预期效果,绩效就好。要是路修好了,但是因为其他原因,农产品还是运不出去,或者村民觉得出行还是不方便,那就说明没达到预期,绩效就不太好。

最后是钱花得值不值。如果修这条路花的钱比其他地方修同样质量的路花的钱要多很多,那就可能存在浪费的情况,说明钱花得没那么值,绩效也会受影响。就像买东西,同样的东西,别人花 100 元能买到,自己花了 200 元,那就不太划算。

通俗来说,县级财政预算绩效管理,就是看用政府的钱做的这些事,是不是又快又好地完成了,质量怎么样,有没有达到让老百姓生活更好、经济发展更好等各种预期的目标,同时钱有没有花得合理、划算。

对于县级财政推动预算绩效管理改革,就必须将绩效管理从"技术工具"升维至"治理哲学",在制度设计、文化培育与技术赋能中寻求平衡,最终实现财政资源配置合理、过程可控、结果可信、效益可续的治理目标。

二、县级预算绩效管理的主要做法

(一)充分认识全面实施预算绩效管理的重要意义

全面实施预算绩效管理是推进国家治理体系和治理能力现代化的内在要求,是深化财税体制改革、建立现代财政制度的重要内容,是优化财政资源配置、提升公共服务质量的关键举措。全县各级各部门都要从落实党中央、国务院重大决策部署,推进政府治理方式深刻变革的高度,充分认识全面实施预算绩效管理的重要性和紧迫性,统筹谋划全面实施预算绩效管理的路径和制度体系,既聚焦解决当前最紧迫的问题,有效缓解财政收支矛盾,又着眼健全长效机制,加快建立规范透明、标准科学、约束有力的预算制度,推动财政资金聚力增效,为全县经济社会又好又快地发展提供有力保障。

(二)结合实际制定实施预算绩效管理的工作目标

以全面实施预算绩效管理为关键点和突破口,通过建机制、扩范围、抓重点、补短板,力争用 3—5 年的时间基本建成全方位、全过程、全覆盖的预算绩效管理体系,实现预算和绩效管理一体化,推动全县各级各部门提升履职效能,提高公共服务供给质量,不断增强人民群众的幸福感、获得感。

(三)构建全方位预算绩效管理格局

1. 实施政府预算绩效管理

将政府收支预算全面纳入绩效管理。按照实事求是、积极稳妥的原则确定年度收入预算,提高收入质量,严禁脱离实际制定收入增长目标,既要严格落实各项减税降费政策,又要坚持依法征收、应收尽收,严禁虚收空转、收取过头税费,严禁超出限额举借政府债务。各级各部门要紧紧围绕县委、县政府工作部署,牢固树立绩效理念,坚持统筹兼顾、突出重点、量力而行,科学编制年度支出预算,集中财力办大事,不断提高社会保障和改善民生水平,同时不得设定过高民生标准和擅自扩大保障范围,确保财政资源高效配置,增强财政可持续性。

2. 实施部门和单位预算绩效管理

强化部门和单位的理财主体责任,将部门和单位预算收支全面纳入绩效管理,围绕部门和单位职责、行业发展规划,以预算资金管理为主线,统筹考虑资产和业务活动,从运行成本、管理效率、履职效能、社会效应、可持续发展能力和服务对象满意度等方面,衡量部门和单位整体及核心业务实施效果。采取"以点扩面"的方式,逐步将所有预算部门和单位纳入整体绩效管理和评价,并将整体绩效目标和自评结果向县级政府和县人大报告,不断推动提高部门和单位的整体绩效水平。

3. 实施政策和项目预算绩效管理

以县级政府决策实施的重大政策和项目为重点,将政策和项目全面纳入绩效管理。既要关注项目资金的直接产出和效果,又要关注宏观政策目标的实现程度,从数量、质量、时效、成本、效益等方面,综合衡量政策和项目预算资金使用效果。对重大政策和项目,实行全周期跟踪问效,及时跟踪评价实施成效。建立动态监控评价调整机制,政策到期、绩效低下的政策和项目要及时清理退出。

(四)建立全过程预算绩效管理链条

把绩效理念和方法深度融入预算管理全过程,将绩效管理关口前移,构建事前、事中、事后"三位一体"预算绩效管理闭环系统,实现预算与绩效管理一体化运行。

1. 开展事前绩效评估

县级预算单位对新出台重大政策和项目开展事前绩效评估。事前绩效评估要围绕县委、县政府工作部署,重点论证立项必要性、投入经济性、绩效目标合理性、实施方案可行性、筹资合规性等,投资主管部门加强基建投资绩效评估,将绩效评估结果作为申请预算的必备要件。未按要求开展绩效评估或评估结果为差的不得列入中期财政规划和年度预算。财政部门加强新增重大政策和项目预算审核,必要时可以组织第三方机构独立开展绩效评估,审核和评估结果作为预算安排的重要参考依据。

2. 加强绩效目标管理

把科学设置绩效目标作为事前编制预算、事中实施绩效监控、事后开展绩效评价的重要依据。按照"谁申请资金，谁设置目标"的原则，各部门各单位编制预算时，全面设置部门和单位整体绩效目标、政策和项目绩效目标。绩效目标不仅要包括产出、成本，还要包括经济效益、社会效益、生态效益、可持续影响和服务对象满意度等绩效指标，绩效目标内容应完整、细化、量化，做到可审核、可监控、可评价。财政部门将绩效目标设置作为申请预算的前置条件，加强绩效目标审核，重点审核绩效目标编报的规范性、完整性和与预算资金的匹配度，不符合相关要求的，不得进入下一步预算编审流程。预算经同级人大审查批准后，绩效目标与部门预算同步批复下达，不得随意调整。

3. 完善绩效运行监控

县级预算单位落实绩效监控主体责任，定期采集绩效运行信息，分析项目进展、资金使用、绩效目标完成情况等，对绩效目标实现程度和预算执行进度实行"双监控"。发现绩效运行与目标发生偏离时，分析原因并及时纠偏，确保绩效目标如期实现。财政部门对重大政策和项目预算绩效运行情况进行重点监控，对执行中存在偏差的及时通报整改，对问题严重或整改不到位的暂缓或停止拨款。

4. 开展绩效自评

预算执行结束后，各部门各单位对照设定的绩效目标，对政策、项目和部门的整体绩效全面开展绩效自评，检验、评判各项绩效指标的完成情况，评价结果报本级财政部门。财政部门对自评结果实施抽查复核，对未按要求开展自评、自评和抽评结果差异较大以及抽评结果为差的项目予以通报。

5. 开展重点绩效评价和结果应用

县级预算单位在全面开展绩效自评的基础上，根据管理需要选择部分资金规模大、社会关注度高的政策和项目开展部门评价，评价结果作为本部门安排预算、完善政策和改进管理的重要依据。对于重点工作任务，财政部门牵头组织开展重大政策、项目绩效评价，对重点部门单位整体绩效开展评价，必要时可以引入第三方机构参与绩效评价。同时，强化评价结果应用，建立评价结果报告、反馈、公开和问题整改制度，与政策调整和预算安排挂钩机制。

（五）建立全覆盖预算绩效管理体系

1.建立一般公共预算绩效管理体系

一是加强收入管理,重点关注收入结构、征收效率和优惠政策实施效果。二是加强支出管理,重点关注预算资金配置效率、使用效益,特别是重大政策和项目实施效果。三是积极开展涉及一般公共预算等财政资金的政府投资基金、政府与社会资本合作(Publie-Private Partnership,PPP)、政府采购、政府购买服务、政府债务项目绩效管理。

2.建立其他政府预算绩效管理体系

除一般公共预算外,逐步将政府性基金预算、国有资本经营预算、社会保险基金预算全部纳入绩效管理,实现预算绩效管理"四本预算"(一般公共预算、政府性基金预算、国有资本经营预算、社会保险基金预算)全覆盖。政府性基金预算绩效管理重点关注基金政策的征收标准、使用效果和对专项债务的支撑能力等情况。国有资本经营预算绩效管理重点关注贯彻国家战略、收益上缴、支出结构、使用效果等情况。社会保险基金预算绩效管理重点关注政策效果、基金管理、精算平衡、运行风险等情况。

（六）注重绩效评价结果的应用

财政部门、预算部门和被评价单位等通过多种方式充分运用绩效评价结果,并将其转化为提高预算资金使用绩效具体行为的活动。绩效评价结果应用,是预算绩效管理落到实处、取得实效的关键,也是全过程预算绩效管理工作的落脚点和内生动力。做好十次绩效评价,不如落实一次结果应用。

1.评价结果报送

定期将对各部门的项目绩效评价结果向县委、县政府以工作专报的方式报送,在"头脑"指挥的层面,对部门、乡镇的项目实施绩效形成有效的督促和引导。以平原县为例,2024年,平原县共向县委、县政府报送项目108个,反映绩效方面存在的问题25条。事实证明,这种自上而下的指挥调度,在促进绩效管理水平提高上具有事半功倍的效果。

2.评价结果公开

通过政府部门网站,随同部门预算、决算等的公开,将绩效评价结果尤其是些社会关注度高、影响力大的民生项目和重点项目支出绩效情况,按规定的程序和方式向社会公开,从而回应社会关切,接受社会监督,更好地满足人民群众的知情权、参与权和监督权。

3. 评价结果反馈整改

完成绩效评价工作并形成评价结果后,及时向被评价单位进行反馈。形成内容和格式规范的反馈报告或文件。反馈的意见中,除了要对绩效评价工作的开展情况和绩效评价报告内容进行简要说明外,还要明确提出落实绩效评价结果及将整改落实情况报告的具体要求。以平原县为例,截至目前,平原县财政部门共向预算部门和乡镇提供反馈意见 236 条,反馈整改报告 53 份。有效的问题反馈和整改落实,有力地促进各部门单位形成"花钱讲绩效"的理念和意识。

4. 评价结果在财政管理中实际应用

在财政管理的层面,要将绩效评价结果作为财政审议预算、行政问责、预算分配的重要依据,建立绩效评价结果与预算资金安排的有机结合机制,将评价结果作为安排以后年度预算的重要依据。在部门单位的层面上,要对照绩效评价中反映出来的问题,有的放矢地进一步健全规章制度,完善管理机制,增强支出责任,规范资金使用,强化监督检查,不断提高预算管理水平,为预算资金使用效益的提高提供基础保障。

总之,结果应用是绩效管理链条闭环的最关键的环节,加强结果应用是保障绩效管理改革落实落地的重要举措。必须以"抓铁有痕,踏石留印"的务实精神,把结果应用贯穿于绩效管理的各环节,确保绩效管理取得实实在在的成效。

(七)加强制度建设

1. 建立健全预算绩效指标和标准体系

财政部门按照定量和定性相结合的原则,建立完善政策、项目以及部门整体共性绩效指标框架。各部门各单位加快构建本行业、本领域核心绩效指标和标准体系,并建立动态调整机制。绩效指标和标准体系与基本公共服务标准、部门预算项目支出标准等衔接匹配,突出结果导向,重点考核实绩。

2. 建立健全预算绩效管理制度

财政部门应围绕预算绩效管理的主要内容和环节,制定出台县级预算绩效管理办法,建立健全涵盖事前绩效评估、绩效目标管理、绩效监控、绩效评价、结果应用等各环节的管理制度和实施细则。各部门各单位应制定具体办法和操作细则,完善管理流程,逐步建立分级分类、实用高效、便于操作的业务规范。

3. 建立健全绩效激励约束机制

财政部门建立绩效结果与预算安排和政策调整挂钩机制,将部门单位整体绩效与部门预算安排挂钩。对绩效较好的政策、项目优先保障;对绩效一般的政策和项目督促改进;对交叉重复、碎片化的政策和项目予以调整;对低效无效资金一律削减或取消;对长期沉淀资金一律收回并按照有关规定统筹使用。

4. 加强预算绩效信息化建设

依托财政综合管理信息平台,把预算绩效管理深度融入预算管理环节,实现预算与绩效管理一体化。推进政府预算、部门预算以及重大专项相关业务、财务、资产等数据资源串联与整合,实现预算管理数据共享。

5. 引导和规范社会力量有序参与绩效管理

规范第三方评估机构参与预算绩效管理,加强执业质量监督管理,有效发挥第三方机构的独立性和专业性。建立了专家咨询机制,完善涵盖不同领域、不同行业、不同专业的预算绩效管理专家库,为全面推进预算绩效管理提供智力支持。

6. 建立健全预算绩效信息公开机制

各部门各单位随部门单位预决算草案向同级人大报告重大政策和项目绩效目标、绩效自评情况和重点绩效评价结果,并按要求主动向社会公开。财政部门负责推进绩效信息公开,重点支出项目绩效目标、绩效评价结果与预决算草案同步报送同级人大,及时向社会公开,主动接受人大和社会监督。

(八)强化工作保障

1. 加强组织领导

各部门各单位加强对预算绩效管理工作的组织领导,牢固树立绩效意识,结合实际制定实施办法,统筹谋划推进措施,督促指导有关政策措施全面贯彻落实,确保预算绩效管理延伸至基层单位和资金使用终端。建立健全财政部门牵头组织,主管部门和资金使用单位具体实施,审计参与监督,社会公众广泛参与的预算绩效管理工作推进机制,形成齐抓共管、多方联动的工作格局。

2. 落实主体责任

各部门各单位是预算绩效管理的责任主体,部门单位主要负责人对本部门本单位整体预算绩效负责,项目责任人对项目预算绩效负责,对重大项目的责任人实行绩效终身责任追究制。财政部门负责预算绩效管理的总体规划、制度设计和组织推动,重点关注部门单位整体绩效,突出抓好重大政策和项目绩效管理。各部门负责制定本部门预算绩效管理制度办法,组织实施本部门及所属单位全过程预算绩效管理,并对本部门事前绩效评估、绩效目标、绩效运行监控、绩效自评等绩效结果的真实性负责。项目实施单位按要求做好预算绩效管理相关工作。

3.加强考核监督

建立预算绩效结果与部门单位和领导干部政绩考核挂钩机制,将部门整体绩效评价结果纳入对党群机关、政府部门及事业单位绩效考核范围,作为领导干部选拔任用、公务员考核的重要参考。财政部门负责对部门和预算单位的预算绩效管理工作情况进行考核,建立考核结果通报制度,对工作成效明显的给予表扬,对工作推进不力的予以通报批评并责令限期改正。审计部门要依法对预算绩效管理情况开展审计监督,重点审计预算支出绩效、政策实施效果、绩效责任落实和部门绩效自评等内容,并将预算绩效管理情况纳入领导干部经济责任审计范围。财政、审计等部门发现违纪违法问题线索,应当及时移送纪检监察机关。

三、县级预算绩效管理取得的成效——以平原县为例

(一)预算绩效管理制度建设不断完善

围绕建立"全方位、全过程、全覆盖"的预算绩效管理体系目标,平原县强化顶层制度设计,建立健全制度办法和工作机制。平原县先后出台了《中共平原县委　平原县人民政府关于全面实行预算绩效管理的实施意见》和《平原县县级部门单位预算绩效管理办法》,细化了部门分工,落实了部门单位责任;研究制定了《平原县预算绩效管理职责划分及工作流程(试行)》等一系列规章制度,并按工作进展需要,陆续出台了事前评估、目标管理、跟踪监控、绩效评价等相关的具体管理办法,健全了平原县"2+X"预算绩效管理制度体系,为全面推动预算绩效管理工作奠定了坚实的政策制度基础。

(二)全方位预算绩效管理格局初步形成

平原县将政府预算收支全部纳入预算绩效管理,全面实施"零基"预算,改变了"基数+增长"的固有模式,打破了财政资金分配的固化格局,提高了财政资源配置效益和可持续性。在逐步深化政策及项目绩效管理的基础上,不断提升管理层级,加快推动全方位预算绩效管理。

（三）全过程预算绩效管理链条基本贯通

平原县将绩效理念和方法深度融入预算编制、执行、监督全过程,构建事前、事中、事后绩效管理闭环系统,扎实推进预算绩效管理各环节工作,包括建立事前绩效评估机制、强化绩效目标管理、做好绩效运行监控、开展绩效评价和加强结果应用等内容。

一是事前严格评估,先谋事、再排钱。对预算单位项目金额超 100 万元的,从项目的必要性、可行性和项目经济性等方面进行全面评估,将评估结果作为预算安排的重要依据。2024 年,通过对政府债券储备项目开展绩效评估,压减项目 45 个,有效避免了盲目上新项目,从源头保障了财政资金合理配置。

二是事中全面监控,早预警、早纠偏。通过信息化手段,对项目的预算执行进度、绩效目标实现程度进行"双监控",对于出现重大问题或可能无法实现预期目标的项目,及时启动预警机制,暂停或调整资金拨付。近两年来,平原县收回预算指标 1.4 亿元,确保财政资金始终朝着预定的绩效目标运行。

三是事后评价问效,优者上、劣者汰。采用"财政+第三方"的方式,优先选择落实省市县党委、政府重大决策部署,以及覆盖面广、影响力大、实施期长、社会关注度高的项目开展绩效评价。2023 年,平原县通过对污水处理费、购买学校安保服务等项目开展全成本效益分析,压减无效支出 1 235 万元。

四是强化结果应用,控支出、优服务。与预算安排挂钩,将绩效评价结果与下一年度预算安排紧密挂钩。对评价优秀的项目,给予优先保障和适当倾斜;对评价不佳的项目,相应削减预算甚至取消项目。2024 年,平原县共削减预算 2 100 万元,取消项目 36 个。与政策执行挂钩,聚焦政策兑现风险点,及时对相关政策进行调整和优化。2024 年,平原县对县执法局、政务服务大厅开展了政府购买服务成本效益分析,核减政府购买服务用工 40 余人次,压减财政资金 170 余万元。与考核奖惩挂钩,对全县各部门预算绩效管理情况进行考核,对绩效管理工作不到位的酌情扣分,强化责任意识,养成行动自觉,充分调动履职尽责、干事创业的积极性。

（四）全覆盖预算绩效管理体系不断健全

平原县加快构建全方位、全过程、全覆盖预算绩效管理体系,围绕促进积极财政政策大力提质增效和政府"过紧日子"的目标任务,强化绩效意识,坚持问题导向,突出工作重点,提高绩效管理质量。逐步推动绩效管理覆盖所有财政资金,延伸到基层单位和资金使用终端。实现绩效管理覆盖一般公共预算、政府性基金预算、国有资本经营预算、社会保险基金预算"四本预算"。逐步将绩效管理向政府投资基金、政府购买服务、政府和社会资本合作项目等领域延伸,层层传导绩效责任,确保财政资金绩效管理不留"空白"。

(五)财政重点绩效评价不断提质增效

财政重点绩效评价是全过程预算绩效管理链条中的关键环节,是推动提高财政资金使用效益、落实"过紧日子"要求的重要手段。按照财政部关于建立健全财政重点绩效评价常态机制的要求,为进一步提高财政资源配置效益和使用效益,在预算部门开展自评的基础上,财政部门聚焦各类领域,选取重点项目开展绩效评价,2024年以来,共开展各类重点绩效评价29个。

2020年平原县财政绩效工作成效突出,典型经验做法被《中国财经报》《农民日报》、网易、《山东财政》等新闻媒体报道推广。

该不该花钱,该花多少钱,由谁来花钱,钱该怎么花

——山东平原县:为每一分财政资金打上"绩效"烙印

对财政资金实施"预算绩效"管理,既不是一件新事,也不是哪一个地方的独创,最关键的是,在执行过程中如何真管、真用、真"绩效",如何堵住该堵的、省下该省的、花好该花的;最难的是,能否把"绩效"理念融入每一分财政资金;最需要基层财政部门牵头做的是,为预算资金打上"绩效"烙印。

平原县是一个财政小县,47万人口,年一般公共预算收入10亿元多一点,收支矛盾较大。开源、节流两篇文章怎么做?县委、县政府主要负责人对此认识非常一致:小不谨则乱大谋,如果只抓"开源"不抓"节流",县里的发展终将是"竹篮打水"。县委书记王洪霞、县长袁志勇要求县级领导带头,打起精神来管资金、抓绩效、堵漏子、严支出,在财政资金使用上,县委常委会、县政府常务会研究资金使用时带头树立"绩效"意识,凡花钱必问效、低效无效必问责。县里每研究一项支出,每花一分钱,都要进行严格的"四问":该不该花钱?该花多少钱?由谁来花钱?钱该怎么花?通过这样的导向,不仅节省了资金,保障了民生,更刹住了"四风",营造了履职尽责、勤俭持家的良好风气。

(一)全县性重大工程和重要开支无"事前绩效评估"不上会,县委书记和县长带头树立"绩效意识"

从县领导决策开始,就用绩效的理念管好政府钱袋子。县委书记王洪霞和县长袁志勇带头抓"绩效"，用实际行动引导全县上下"花钱必问效、无效必问责"。眼下在平原，"绩效意识"蔚然成风，"绩效程序"贯穿各级各部门的每一笔预算资金里。

2020年县里重新制定出台了《平原县"三重一大"事项决策实施细则》，进一步规范完善县级领导班子重大事项决策、重大项目安排和大额度资金使用决策制度，其中就把"预算绩效"全程融入进去。他们规定，凡是1 000万元以上的专项资金支出、单项支出1 000万元以上的公共性资金安排、1 000万元以上的固定资产购置处置、投资1 000万元以上的民生社会事业项目、1 000万元以上的财政投资项目安排，包括以财政性资金或融资投资的重大项目、国有资产参与投资的重大项目等，都要上县委常委会会议集体决策。不仅如此，他们还设定了一个门槛，就是在上会之前，业务主管部门必须拿出"预算绩效评估报告"，专家论证、技术咨询、决策评估一项都不能少，没有做"绩效评估"的项目，一律不准上会研究。

在县政府，无论在政府工作报告中，在年度经济和社会发展重点工作安排中，还是在重要民生实事的确定和实施过程中，以及在重大产业、社会事业等方面的重点专项规划及重大调整意见中，都把"预算绩效"列为重点。不论是每一项财政预决算方案和财政预算调整方案，还是"列入年度计划投资额在100万元以上的财政性资金或融资投资的城乡建设项目、单项耗资超过50万元的重大活动资金安排"，都要过"绩效关"。县长对主管部门的临时预算报告，首先要问是否经过事前预算绩效评估，然后要批转财政部门，从专业的角度对申请报告进行"专业绩效评审"，财政部门用"绩效程序"对预算进一步鉴定、核审之后，再转回县政府进行研究、批准。

县委、县政府在重大项目、重要支出上带头讲"绩效"，为乡镇、部门作出了示范。同时，今年平原县在狠抓"预算绩效"的过程中，把部门"一把手"明确为预算绩效的"第一责任人"，以此，紧盯每个单位的"预算绩效"实施情况，把"预算绩效水平"作为审计重点、作为干部考察的重点事项、作为县委对单位"一把手"年度工作评价的重要内容。同时，本年度的"预算绩效质量"会直接影响下一年度单位的整体预算，让花钱随意、不计成本、大手大脚、不做绩效、不守规矩的单位和主要负责人感到压力。

吃不穷喝不穷，盘算不到就受穷，平原县向"预算绩效"要财力，为全县财政少投入、多办事立下了不小的功劳。因为场地受限，平原县多年来将政务服务大厅分散设在不同地点，老城有，新城也有，群众办事不方便，上级考核不过关。

2019年7月,县里经过反复论证,最后确定不建新楼,而是盘活闲置的"城市展览馆"整幢大楼,建筑面积1.3万平方米。这个方案很快变成了现实,不占新地、不多花钱、工期较短,新的政务服务场所不仅盘活了资产,也满足了行政审批和服务的业务需求,更成为德州市县(市区)中面积最大、环境最优的"市民中心",在2019年度营商环境考核评比中,平原县位列全市第一名。同样的例子还有县委党校,老校区平房拆迁后要搞新校建设,县里在做"预算绩效"时,否掉了新建方案,成功改建了原职业中专,这样仅建安成本就节省8000多万元。改建中,又进一步用好"绩效"理念,把文体楼改成办公用房,这样又节省出15亩国有土地,出让后财政收益300多万元。县委党校基建负责人段更玲说:"所有预算资金必须做绩效评估,所以我们对资金投入精打细算,既要办好事,更要讲节约。"

说起"预算绩效",县财政局局长姜卫东非常起劲,他列举了很多典型的事例,县进修学校建设、县信访大厅筹建、县社会大救助中心装修,都通过"整合资源、盘活资产",节省了大量财政资金。据统计,仅2019年以来,县里在重大工程建设中,累计盘活16处公共资产,用于兜底服务、保障民生事项,节省财政投资5亿元。

(二)县财政局刀刃向内"四项改革"为推行预算绩效扫障碍,用"绩效"管"绩效"让人人抓绩效

把财政预算的钱管好、管精、用好、用准,是县财政局必须做的一篇硬文章,但是在推进"预算绩效"过程中却感到吃力,想下"绣花功夫"又无法下手,原因是什么呢? 2019年1月至3月,县财政局为研究这个问题开了9次局党组会议,找到了症结:财政局机关业务量大,负担重,管了太多不该管的事,真正需要抓紧抓好的预算绩效工作却没有精力抓。为此,局党组决定推行一整套"改革组合拳",重构财政管理体制、重塑业务办理流程,党组成员一致认为,只有这套"拳"打开了、打好了,才能为更彻底地推行"预算绩效"扫清障碍、铺平道路、创造环境。

县财政局每一位党组成员都按照工作分工明确自己的工作任务,包括乡镇财政管理体制改革、部门归口管理改革、局机关业务流程再造、政府采购招投标管理体制改革"四项改革",分别列出了时间表、路线图,进行了"倒计时",这期间,全局上下协同作战、交叉进行、互相补位,仅改革方案就制订了9份,大大小小的碰头会、讨论会、总结会开了上百次,外出调研30余次,终止旧的运行体制8项,出台新的业务流程6项。"四项改革"内容及成果如下。

一是乡镇财政"回归"乡镇。2012年,平原县将全县13个乡镇财政所管理

体制进行了"上划",人员编制调整到县财政局,经过 8 年运行来看,乡镇财政的人事、权利、责任都应由乡镇政府来统一承担,县财政局没有必要再占用人力、精力替乡镇管理财政,为此,34 名人员编制回归了乡镇,县财政局集中精力做主业的空间进一步释放。

二是部门"归口"管理。原来部门到县财政局办理一项业务,需要通过多个科室盖多个章,找多名分管局长签字才能把业务办完,跑腿多、程序烦琐,无法界定"预算绩效"管理的责任人。为此,县财政局将全县所有预算单位归口分配到 8 个业务科室,部门所有需要与县财政局对接的业务事项,只对一个科室,只进一个门,真正实现了"一站式办理",这也为规范推进"预算绩效"理顺了流程、明晰了责任主体。

三是局机关业务流程再造。新的归口管理体制,就意味着原来的业务流程都要"下岗",新的流程必须重新设计,县财政局一年间新出台了《平原县财政局资金拨付流程》《平原县财政局投资评审业务流程》《平原县政府采购业务办理流程》等文件,新的流程明确了资金报告怎么打、流程怎么走、预算怎么做、事该找谁办等,局机关内部、前来办事单位都感到心里透亮,同时也感到了"预算绩效"的担子,无处不在。

四是政府采购招投标管理体制改革。原来县里的政府采购办公室设在县财政局,哪个单位需要采购,最后都汇集到采购办,采购办统一管理所有单位的采购,用哪一家代理、合同怎么制定、变更手续怎么走、项目本子怎么编等,都进行"包办",这样的体制既增加了采购管理人员承担的风险,又不利于部门主动承担风险和责任,部门花财政的钱、财政又负责采购,"花钱主体"的"绩效压力""绩效意识"基本没有。去年县财政局彻底改革了招投标管理体制,变"包办"为"帮办",变"当家"为"管家",所有采购项目由预算单位自行开展事前评估、自主进行招投标,县财政局负责事前、事中、事后监管。

一套组合拳,打出新气象,为预算资金推行"绩效管理"铺平了道路,提供了制度保障。在县财政局内部,进一步明确了科室绩效工作职责分工,预算绩效管理股针对"绩效"这项工作,制定对各资金科室的绩效考核办法。要求各资金股室每月 5 日前,填写《预算绩效管理月度情况统计表》,对归口管理部门单位的绩效管理情况如数上报,由预算绩效管理股来汇总和打分评比,评比结果在局内部公示通报,绩效管理的覆盖面、精细度列为对科室和个人的年度测评主要指标。县财政局局长姜卫东每月都要亲自过目局内部的绩效考核分数,他说:"在财政局内部改革前,大家都在忙着批钱、分钱,绩效责任却落不到人头上,经过一系列改革,局内部业务流程顺畅了,谁不讲'绩效'谁得不了高分。我们用'绩效'考核'绩效',让人人讲绩效、抓绩效,从而在源头上精打细算,把财政的每一分钱都花在关键时、紧要处。"

对预算资金抓"绩效管理",财政局的人不能只坐在办公室里抓,不能天天在表上看、在材料里查,必须走出机关办公楼。为此,平原县财政局推行了"一看(看现场)、二评(评审评价)、三议(会议讨论、论证)、四压实(压实资金、压实责任、责任到人、绩效程序完备)"工作法,为每个项目、每笔资金建立一个"现场档案",必须有视频、有图片、有现场察看情况登记,必须有评审、论证过程记录。

今年 3 月份,县财政局收到某单位的一个绿化改造项目申请,工程投资概算 200 万元。财政局组织专门技术力量对该项目开展绩效评估,经认定,实施的必要性和合理性都存在问题,计划绿化地段前靠商铺、后靠广场,本身不缺绿化,后经与预算单位沟通,只对两侧裸露地进行了草坪和树木补植,绿化资金仅需 7 万元左右,通过事前评估节约资金 193 万元。自今年以来,全县共对 23 个重点项目开展事前绩效评估,涉及预算金额 5 047.99 万元,评估核减金额 1 685.78 万元。

(三)为全县 126 个单位年底"倒控油壶",通过零基预算让"钱随事走",一年腾出 2 亿元

一谈起部门预算,往往就是"基数+"的概念,从上年度的盘子里,看看再增加哪些。但是从 2019 年,平原县改变了方式,彻底打破原来的固有思维定式,实行真正意义的"零基预算",根据实际,该收的收,该清零的清零。

姜卫东打的比方形象生动:单位的预算就像是一个油壶,一年下来、多年下来,从来没真正见过底,各个单位多多少少都有"趴在账上睡大觉"的预算资金。为此,就要坚决用好"零基预算"这个措施,为全县 126 个预算单位"倒控油壶"。2019 年,县财政通过推行零基预算改革,收回沉淀在部门单位一年以上的资金共计 2.15 亿元。这些"控"出来的钱,用于统筹安排当年全县重点民生支出项目预算。

在零基预算改革中,有很多单位不适应。原来预算编制都是粗线条、模糊着做预算,预算往大处做,多多地留"余粮",进而导致预算实际执行困难,不该花的钱占用预算资源,该花钱的地方无钱可花,财政资金使用不精准、不对路,浪费现象严重,甚至有的单位做预算时想尽花钱的项目,想方设法把县财政的钱申请到手。作为全县的"总管家"县财政局来说,这是非常头疼的事,各单位都留"余粮",县里大仓里肯定会"闹荒"。

为此,平原县打破"基数概念""基数依赖",坚决摒弃预算支出的固化僵化格局,按照有依据、有标准、符合新形势要求的原则,一手抓精简项目压减资金,从严编制支出预算;一手抓"资金跟着项目走",坚持以零为基点,对部门年度申报支出的政策、内容、标准、预期绩效等进行全面审核后编制年度预算,引导部门立足当前重点改革任务,系统谋划重点工作目标,科学申报预算。一系列行之有效的措施,让财政宏观调控职能作用充分发挥了出来。2020年,县本级78家部门申报项目预算49.6亿元,通过审核,对其中不符合目标导向、低效无效的677个项目、33.7亿元支出进行了优化调整,挤出的资金全部用于"六保六稳"项目,实现了资金、目标和效益的统一。

通过这一系列大刀阔斧的改革,如今平原县形成了一整套预算绩效管理的工作链:县委常委会、县政府常务会研究重要开支、重大项目投入,先讲绩效;各预算单位一把手人人懂预算绩效,凡花钱必填绩效单;县财政局围绕"全方位、全过程、全覆盖"管理要求,通过全员抓、重点抓预算绩效,形成了事前有绩效评估、审批前有绩效目标、事中有跟踪监控、事后有绩效评价、评价结果有应用的全过程管理链条,确保财政资金聚力增效,推动经济社会高质量发展。这样的工作链为每一分财政资金都打上了"绩效"的烙印。

作者:金吉鑫 刘吉杰

注:该文章经修改后,发表于2020年10月29日的《农民日报》。

三、县级预算绩效管理的思考

(一)绩效管理的理念要与时俱进

《意见》出台后,各地越来越重视绩效,主动接受绩效。从过去的注重过程管理,到当前更注重结果应用,尤其是在当前财政增量放缓的背景下,需要向支出要效率,向存量要财力,靠的主要还是绩效。而且,绩效管理不只是服务财政,还应积极融入党委政府决策,在资源配置中发挥更加重要的作用。

(二)绩效工作的方法要更加丰富

一是加强与预算部门的协调配合,推动"业财融合",加强对重大政策和项目的全周期绩效管理;二是与县人大、审计部门形成工作合力,联合开展事前绩效评估、部门整体绩效评价等工作,推动相关问题及时整改到位;三是积极开展成本绩效管理、零基预算管理改革,为预算编制把好成本关、顺序关和效益关。

（三）绩效队伍的力量要不断加强

"打铁还需自身硬"，没有一支素质过硬、能力过硬的绩效干部队伍，就不能拿出高质量的绩效成果。例如，平原县在全市率先成立绩效评价中心，并在人手非常紧缺的情况下，抽调8名业务骨干，明确分工、团结协作，做到了"有人干事、高效成事"。

（四）不断加大信息系统建设力度

目前县级预算管理一体化系统中，绩效管理仅能实现绩效目标的编制，如监控、自评等工作的开展无法通过系统实现，部门线下填报的工作量及难度较大，在系统建设方面还要不断加大研发力度，不断提高预算绩效管理的信息化水平。

第二章
事前绩效评估与绩效目标管理

第一节　事前绩效评估

在财政预算管理体系中,事前绩效评估作为"全生命周期"绩效管理的起点,是预算绩效管理的"第一道关口",其核心在于通过科学论证与风险预判,从源头确保财政资金的合理配置与高效使用,是优化资源配置、提升财政资金使用效率的核心环节。尤其在当前深化预算绩效管理改革的背景下,其重要性已从"技术工具"升维至"战略抓手",其重要性愈发凸显,成为破解"资金碎片化""项目低效化"等顽疾的关键突破口。

一、事前绩效评估的基本概念

(一)事前绩效评估的含义

事前绩效评估是指在政策、项目、规划等实施之前,财政部门或预算单位依据国家及地方政府的政策、部门事业发展规划等,运用科学、合理的评估方法,对其必要性、可行性、合理性、预期效益等方面进行全面、系统的分析和评价,以确定该政策、项目、规划是否值得实施以及如何实施的一种管理活动。

(二)事前绩效评估的主体

事前绩效评估通常由财政部门、项目主管部门或第三方评估机构来承担。财政部门从财政资金管理和宏观政策角度进行评估,确保财政资金的合理配置和有效使用;项目主管部门基于自身业务需求和管理职责,对项目的具体情况进行深入评估;第三方评估机构则凭借其专业性、独立性和客观性,提供公正的评估意见,增强评估结果的可信度。

(三)事前绩效评估的对象

事前绩效评估的对象包括拟出台的重大政策、新上的投资项目、各类发展规划等。例如,政府拟推出一项扶持新能源产业发展的政策,或者计划上马一个大型基础设施建设项目,都需要进行事前绩效评估。

(四)事前绩效评估遵循的原则

绩效导向。事前评估以绩效导向和成本控制理念为出发点,以必要性及投入、产出和效果为评估重点,对项目、政策决策进行综合评估。

财力匹配。事前评估要树立财政可持续意识,新增重大项目、政策应充分结合财政可承受能力进行评估,以增强重大项目、政策的可行性和财政可持续性。

科学规范。事前评估应通过规范的程序,采用定性与定量相结合的方法,通过多种途径和手段充分收集证据资料,保证评估结论科学可信。

客观公正。事前评估应公开、公平、公正,评估主体要实事求是、公平合理地进行评估,利益相关方不得影响评估过程及评估结果。

及时高效。事前评估要讲求效率,在保证质量的前提下及时完成评估工作。

权责对等。事前评估要建立责任约束机制,明确各方职责,清晰界定权责边界,评估主体对其主导开展的评估工作有管理自主权,并对评估结果负责。

(五)事前绩效评估的内容

事前绩效评估重点评估政策、项目的必要性、可行性、经济性、资金合规性,绩效目标的合理性、效益性等内容。

一是政策和项目设立的必要性。主要评估项目政策或项目的设立是否与国家法律法规、国民经济和社会发展总体规划、国家行业规划及县级经济和社会发展规划相符;政策或项目的设立是否具有现实需求,需求是否迫切、是不是所要解决问题的必要条件;政策或项目的设立是否与其他政策或项目存在交叉重叠;政策或项目的设立是否符合政策制定或实施主体职能定位;政策或项目的设立是否属于公共财政支持范围,是否符合事权与支出责任相适应原则;产业类政策和项目是否符合公平竞争要求。(楼继伟,2016)

二是政策和项目实施的可行性。主要评估政策或项目是否按规定履行相关审批程序,立项相关材料是否齐全;政策或项目的实施方案是否可行,前期调研、可行性分析等相关材料是否充分;政策或项目实施的不确定因素和风险是否可控;政策或项目实施的各项保障条件是否充足、路径是否合理;对于长期性政策,政策或项目是否设置实行期,清理退出或调整机制是否健全,相关资源是否能够保障政策或项目可持续实施。

三是政策和项目的经济性。主要评估政策或项目的成本效益分析是否充分,成本测算依据是否科学,测算标准是否合理;政策或项目的投入产出比是否合理,既定目标下投入成本是否达到最小、最优;政策或项目实施期间总成本是否可控,是否采取科学有效的成本控制措施。

四是政策和项目资金的合规性。主要评估政策或项目资金筹集是否规范合理,政策或项目各级财政分摊方式和比例是否科学、资金使用进度是否明确合理,政策或项目是否通过财政可承受能力评估和债务风险评估,政策或项目是否针对预计出现的筹资风险制定有效应对措施。

五是绩效目标的合理性。主要评估政策或项目的预期产出是否清晰明确,产出数量与质量是否与预算申请相符;政策或项目预期效益是否合理、可实现,并得到利益相关者认可;政策或项目绩效目标和指标是否细化、量化、可衡量,目标值是否具有科学性、前瞻性。

(六)事前绩效评估的方法

1. 定性分析方法

定性分析方法主要用于必要性、合规性与社会价值的评估。

专家论证。组建跨领域专家组(财政、行业、技术专家),通过听证会、书面评审等方式,评估项目的政策匹配度、技术可行性及风险。该方法主要适用于重大项目(如基建、产业园区)立项前技术路线论证。例如,某县高铁站周边开发项目,专家论证发现客流量预测虚高,建议缩小规模,可以节约资金 1.2 亿元。

公众参与法。该方法采用问卷调查、焦点小组、听证会等形式收集公众需求,将民意转化为绩效目标。该方法主要应用于民生项目(如养老、教育)需求优先级排序。例如,浙江省某县通过"民生实事票决制",由居民投票选定 5 个优先实施的公共项目。

德尔菲法(Delphi Method)。组织多轮匿名专家咨询,逐步收集意见,预测政策或项目的长期影响。该方法主要应用于战略性政策(如碳达峰路径)的预期效果评估。

2. 定量分析方法

定量分析方法主要用于成本与效益的测算。

成本效益分析(Cost-Benefit Analysis,CBA)。量化项目的经济成本(直接投入）与效益（税收增长、就业带动等），计算净现值（Net Present Value,NPV）或效益成本比（Benifit-Cost Ratio,BCR）。该方法主要用于经济类项目（如产业补贴、交通基建）。

案例：某县工业园区项目经 CBA 测算，BCR＝1.5，确认具备投资价值。

成本效果分析（Cost-Effectiveness Analysis,CEA）。通过比较单位成本下的产出效果（如"每万元财政资金新增养老床位数量"），优选性价比最高的方案。该方法主要用于公共服务类项目（如医疗、扶贫）多方案比选。

风险概率模型。通过蒙特卡洛模拟（Monte Carlo Simulation）预测项目超支、延期等风险的概率分布。该方法可应用于 PPP 项目、政府债券投资的财务风险评估。

3. 综合评估框架

综合评估框架是一种多维度系统化分析。

逻辑模型（Logic Model）。通过构建"投入→活动→产出→效果→影响"的因果链，明确各环节关键指标。该方法可用于复杂政策（如乡村振兴资金整合）的目标分解与效果预测。

案例：某县农村饮水工程通过逻辑模型，设定"管网覆盖率"（产出）与"肠道疾病发病率下降"（效果）的联动指标。

平衡计分卡（Balanced Scorecard,BSC）。从财务、客户（公众）、内部流程、学习与成长四个维度设计指标，确保短期目标与长期战略协同。该方法可用于部门整体支出或长期政策（如科技创新）的事前评估。

层次分析法（Analytic Hierarchy Process,AHP）。将评估目标分解为多层次指标，通过专家打分确定权重，量化项目综合得分。该方法可用于多目标项目（如生态补偿）的优先级排序。

4. 数据驱动方法

数据驱动方法指用技术赋能精准评估。

大数据分析。通过整合政务数据（人口、经济、地理信息）与互联网数据（舆情、消费行为），预测项目的社会需求与潜在风险。该方法可用于智慧城市项目（如停车设施布局）的需求匹配度评估。例如，某市通过手机信令数据分析人流热点，优化公交线路预算分配。

机器学习预测模型。训练历史项目数据（如投资额、执行周期、绩效得分），预测新项目的成功率与风险等级。该方法可应用于标准化项目（如老旧小区改造）的快速筛选。

县级政府应结合财力、数据基础与人员能力,"量体裁衣"选择评估方法,高成熟度地区可探索"大数据＋机器学习"的智能评估。资源受限地区应优先采用"简易指标＋公众参与"的轻量化模式。无论何种方法,核心在于构建"目标可量化、过程可追溯、结果可应用"的评估闭环,为财政资金的精准投放提供科学依据。(王雍君,2009)

（七）事前绩效评估与预算评审的关系

事前绩效评估与预算评审在概念、目的、侧重点等方面存在不同,在应用中也需要从多个环节进行相互协调和配合。

事前绩效评估是在政策、项目、规划等实施之前,对其必要性、可行性、合理性、预期效益等方面进行的全面系统评价,以判断是否值得投入资源及如何投入,是一种前置的、以绩效为导向的综合性评估活动,侧重于对项目或政策的整体价值判断。预算评审主要是对预算编制的准确性、合理性、合规性进行审查和评价,聚焦于预算资金的安排和使用,是对财政资金分配和管理的一种专业性审核活动,着重确保预算的科学性和规范性。

事前绩效评估的目的是为决策提供依据,从源头上把控项目或政策的质量和效益,避免盲目投资和资源浪费,强调通过评估来确定项目或政策的预期效果能否实现,以及是否与战略目标相符。预算评审的主要目的是合理确定预算控制数,提高预算编制的准确性和严肃性,防止预算高估冒算或低估漏算,保障财政资金的合理分配和有效使用,侧重于控制预算规模和规范预算编制。

事前绩效评估的内容比预算评审更为广泛,包括项目或政策的战略符合性、需求合理性、技术可行性、经济可行性、社会和环境影响、预期效益等多个维度,更关注项目或政策的整体可行性和潜在价值。预算评审重点审查预算编制的内容,如项目资金需求的测算依据是否充分、定额标准是否合理、资金分配结构是否优化、是否存在重复或虚列预算等情况,主要围绕预算资金的具体安排和使用进行审核。

事前绩效评估采用的方法多样,如文献研究、实地调研、专家咨询、问卷调查、成本效益分析、逻辑模型分析,通过综合运用多种方法来全面评估项目或政策的绩效潜力。预算评审主要运用数据分析、定额标准比对、财务审计等方法,借助预算编制软件、财务分析工具等,对预算数据进行详细审核和分析,确保预算的准确性和合规性。

在实际应用时要注意事前绩效评估和预算评审的相互协调和配合,要建立信息沟通机制。事前绩效评估和预算评审工作的开展往往涉及不同的部门或团队,应建立定期的沟通协调机制,如召开联席会议、工作交流会,及时共享项目信息、政策文件、评估或评审报告等资料,确保双方在工作中能够充分了解彼此的工作进展和成果。还要充分利用信息化手段搭建统一的信息平台,将项目申报资料、绩效目标、预算编制明细、评估评审结果等信息纳入平台管理,实现信息的实时共享和动态更新,方便双方随时查阅和调用,提高工作效率和协同性。在预算评审流程中,可将事前绩效评估的部分关键环节或结论作为前置条件或重要参考。例如,在预算评审开始前,要求项目单位先完成事前绩效评估,并将评估报告作为预算申报的必备附件,评审人员根据绩效评估结果对预算的合理性进行进一步审核。预算评审过程中发现的问题和提出的建议,应及时反馈给事前绩效评估团队,以便对绩效评估的内容和结论进行补充和完善。同时,事前绩效评估根据反馈意见调整后,也应再次提交给预算评审,为预算编制和审核提供更准确的依据。同时,要注重两者结果的互认与应用,将事前绩效评估和预算评审的结果作为项目决策和预算安排的共同依据。对于绩效评估结果良好且预算评审合理的项目,优先安排资金;对于绩效评估不达标或预算编制存在重大问题的项目,不予通过或要求整改后重新申报。最后要强化责任追究,建立责任追究机制,对于在事前绩效评估或预算评审中存在故意弄虚作假、敷衍了事等行为的单位和个人,依法依规追究责任,确保评估和评审工作的严肃性和权威性,促进两者更好地协同发挥作用。

二、事前绩效评估的工作流程

事前绩效评估的规范性工作流程一般包括评估准备、评估实施、评估报告撰写、评估结果应用等主要阶段,以下是具体内容。

(一)评估准备阶段

明确评估对象和范围。确定需要进行事前绩效评估的政策、项目或规划等,明确评估所涵盖的具体内容、时间跨度、资金范围等。

制订评估计划。根据评估对象和要求,制订详细的评估计划,包括评估目的、评估方法、评估指标、工作步骤、时间安排、人员分工等。

组建评估团队。选取具有相关专业知识和经验的人员组成评估团队,成员可包括财政部门人员、行业专家、财务专家、第三方评估机构人员等。

收集基础资料。收集与评估对象相关的政策文件、法律法规、项目可行性研究报告、预算编制资料、行业标准规范、历史数据等,为评估工作提供依据。

（二）评估实施阶段

资料审核。对收集到的基础资料进行审核,检查资料的完整性、准确性和真实性,确保评估依据可靠。

实地调研。根据需要,对评估对象涉及的相关单位、项目现场等进行实地调研,了解实际情况,获取第一手资料,核实相关信息。

问卷调查与访谈。设计并发放调查问卷,收集利益相关者对评估对象的意见和建议;与相关人员进行访谈,包括项目实施单位人员、专家学者、受益群体等,深入了解项目或政策的背景、目标、预期效果等。

数据分析与论证。运用科学的评估方法和工具,对收集到的数据和信息进行分析,如成本效益分析、比较分析、因素分析;组织专家对评估对象的必要性、可行性、合理性等进行论证,充分听取专家意见。

（三）评估报告撰写阶段

撰写初稿。评估团队根据评估实施阶段的工作成果,按照规定的格式和内容要求撰写事前绩效评估报告初稿,内容应包括评估背景、评估过程、评估结论、存在问题、建议等。

内部审核。评估团队内部对报告初稿进行审核,确保报告内容完整、数据准确、分析合理、结论客观公正;对审核中发现的问题进行修改和完善。

征求意见。征求相关部门、单位和专家对于评估报告初稿的意见,根据反馈意见对报告进一步修改和完善。

定稿提交。经过审核和修改后的评估报告,由评估团队负责人签字确认后正式定稿,并按照规定的程序和要求提交给相关部门或决策机构。

（四）评估结果应用阶段

反馈与沟通。将评估结果及时反馈给项目实施单位或相关部门,与他们进行沟通,说明评估结论和理由,为其改进工作提供参考。

决策参考。评估结果可作为政策制定、项目审批、预算安排等决策的重要依据。对于评估结果良好的项目或政策,在资金安排等方面给予支持;对于存在问题的项目或政策,要求进行整改或调整。

信息公开。按照信息公开的要求,将评估结果在一定范围内公开,接受社会监督,提高财政资金使用的透明度和公信力。

跟踪与监督。对根据评估结果作出决策的项目或政策实施情况进行跟踪和监督,检查其是否按照评估建议和决策要求实施,确保评估结果得到有效落实。

三、事前绩效评估案例分析——平原县第三次土壤普查成果汇总需求项目

（一）项目概况

第二次全国土壤普查距今 40 多年,耕地利用方式发生巨变,土壤相关数据已经不能全面反映当前农用地的土壤实况,我国必须在第三次国土调查摸清耕地数量的基础上,实施耕地质量的"全面体检"。根据国务院统一安排,山东省自 2022 年开始开展第三次全国土壤普查工作试点工作。按照要求,第三次全国土壤普查于 2023 年全面铺开,2025 年全面完成。

根据山东省农业农村厅统一安排,平原县 2023 年须完成 782 个土壤表层样采集任务和 19 个左右的土壤剖面样点采集任务。根据时间节点,2023 年 9 月中下旬要全面进行土壤调查采集,且土壤表层样采样工作必须在 10 天左右完成,如果不能完成任务,将对全省工作造成相当大的负面影响,并将在全省进行通报。因此,该项工作时间紧、任务重。

参照试点县市资金实际使用情况和专家组意见,普查经费预算 614.805 万元,其中成果汇总 150 万元。

按照《山东省人民政府关于组织开展山东省第三次土壤普查的通知》（鲁政发〔2022〕5 号）要求,结合《山东省第三次土壤普查实施方案的通知》（鲁土壤普查办〔2022〕2 号）等文件精神,特实施本项目。

（二）项目预算资金安排

平原县第三次土壤普查成果汇总需求项目,资金申请金额 150 万元,预算总金额 150 万元,全部纳入县级财政预算。

本次评价投入成本在平原县农业农村局预算 150 万元的基础上调增或调减。

（三）项目预期完成工作目标

平原县第二次土壤普查成果汇总需求项目绩效目标具体情况如表 2-1 所示。

表 2-1　平原县第三次土壤普查成果汇总需求项目绩效目标申报表（2024 年度）

项目名称	平原县第三次土壤普查成果汇总需求项目		申请资金总额	150 万元
项目总体绩效目标	按照第三次土壤普查工作要求对平原县第三次全国土壤普查工作中形成的数据、资料及成果等进行整理、汇总，形成平原县第三次土壤普查数据与数据库成果、数字化图件成果、文字成果等			
绩效指标	一级指标	二级指标	具体指标（指标内容、指标值）	
	产出指标	数量指标	数据库成果（包括基础数据、过程数据、成果数据、数据库）、数字化图件成果（包括土壤类型图、土壤属性图、土壤农业利用适宜类评价图、耕地质量等级图、土壤采样点分布图）、文字成果（包括第三次土壤普查技术报告、数据专题分析报告、平原县土壤志、平原县土种志）	
		质量指标	符合项目要求	
		时效指标	2024 年 6 月	
		成本指标	150 万元	
	效益指标	经济效益指标	充分利用土壤普查数据，推动农业高质量发展	
		社会效益指标	查清土壤资源数量、质量、分布、利用情况	
		生态效益指标	改善土壤环境，提升土壤质量	
		可持续影响指标	项目完成后，能更好地为农业发展提供数据支撑	
	服务对象满意度指标	具体指标	群众满意度达 90% 以上	

（四）评估程序

本次事前绩效评估主要程序如下。

1. 事前评估准备阶段

（1）确定评估对象。

（2）接受委托，成立评估工作小组。

（3）拟订工作方案。

2. 事前评估实施阶段

（1）收集审核资料。

（2）现场调研。

（3）组织实施评估。

（4）综合评估。

3. 事前评估报告阶段

（1）撰写报告。

（2）提交报告。

（3）建立档案。

（4）报告修改。

（五）评估思路

本次事前绩效评估主要针对项目的相关性、项目绩效的可实现性、项目实施方案的有效性、项目预期绩效的可持续性、财政资金投入的可行性及风险等五方面进行综合评估、分析与论证，并提出相关建议。

（六）评估方式、方法

本次事前绩效评估主要用到的方式、方法如下。

1. 评估方式

本次事前绩效评估遵循全面考虑、重点突出的原则，主要采用现场勘查、资料分析、集中座谈、网络查询、电话采访、抽样调查等评估方式或手段，对项目的相关性、可行性、持续性等方面进行全面评估。

2. 评估方法

本次事前绩效评估主要采用成本效益分析法、比较分析法、因素分析法、公众评判法、文献分析法等方法进行论证。

（1）成本效益分析法。以最小成本获得最大收益为目标，加强成本核算，将全部成本和预期效益进行对比，评估项目投入价值。

（2）对比分析法。将绩效目标与预期实施效果、历史情况、不同部门和地区同类财政支出安排情况进行比较，对项目进行评估。

（3）因素分析法。全面梳理影响绩效目标实现和实施效果的主客观因素，综合分析各种因素对绩效目标实现的影响程度，对项目进行评估。

（4）公众评判法。采取抽样调查等方式，对事前评估提供咨询意见和结论支撑。

（5）文献分析法。对收集到的相关领域的文献资料进行研究，深入了解评估对象的性质和状况，并从中引出相关观点或评估结论。

（七）评估原则和依据

1. 绩效评估的原则

评估过程中遵循依法依规、绩效导向、科学规范、客观公正、精简高效的原则。

（1）依法依规。事前绩效评估应根据中央和省委、省政府决策部署，以相关法律、法规、规章以及财政资金管理办法规定等为依据开展。

（2）绩效导向。事前绩效评估应坚持绩效导向，从多个维度对项目进行综合评估。

（3）科学规范。事前绩效评估应按照规范的程序，采用定性与定量相结合的评估方法，科学、合理地进行。

（4）客观公正。事前绩效评估应按照"公开、公平、公正"的原则进行，利益相关方不得影响评估过程及结果。

（5）精简高效。事前绩效评估应结合预算评审、项目审批等程序开展，简化流程和方法，提高评估工作效率和质量。

2. 评估依据

（1）国家、省相关法律、法规和规章制度及市政府发布的行政规章、规范性文件，中央、省、市、县确定的重大战略决策部署、国民经济与社会发展规划和方针政策等。县级以上财政部门制定的预算管理制度、资金及财务管理办法等。包括《中共中央 国务院关于全面实施预算绩效管理的意见》（中发〔2018〕34号）；《山东省人民政府关于全面推进预算绩效管理的实施意见》（鲁发〔2019〕2号）；《财政部关于印发〈预算绩效评价共性指标体系框架〉的通知》（财预〔2013〕53号）；《山东省省级政策和项目预算事前绩效评估管理暂行办法》（鲁财绩〔2019〕5号）；《德州市人民政府关于全面推进预算绩效管理的意见》（德政字〔2015〕21号）。

（2）相关行业政策、行业标准及专业技术规范等。

《国务院关于开展第三次土壤普查的通知》（国发〔2022〕4号）、《山东省人民政府关于组织开展山东省第三次土壤普查的通知》（鲁政发〔2022〕5号）、《山东省第三次土壤普查领导小组 办公室关于印发〈山东省第三次土壤普查实施方案〉的通知》(鲁土壤普查办发〔2022〕2号)、《平原县第三次土壤普查领导小组办公室关于印发〈平原县第三次土壤普查实施方案〉的通知》(平土壤普查办〔2023〕2号等文件)。

(3)与本项目有关的其他材料。

(八)项目指标评价体系(具体情况请参考项目评分过程中的各附表)

(九)项目评分过程

1. 指标A

A立项必要性由四个二级指标、七个三级指标组成,权重分为20分,实际评价得分为20分。(指标标准值和评价得分见表2-2)

表2-2 项目立项必要性评分表

一级指标	二级指标	三级指标	行次	权重	标准值	得分	扣分依据
A立项必要性			1	20	20	20	
		A1 政策相关性	2	5	5	5	
		A11 与国家、山东省相关行业宏观政策相关性	3	5	5	5	
		A2 职能相关性	4	5	5	5	
		A21 与主管部门职能、规划及当年重点工作相关性	5	5	5	5	
		A3 需求相关性	6	5	5	5	
		A31 有现实需求,需求迫切性	7	2	2	2	
		A32 无可替代性	8	1	1	1	
		A33 受益对象确定性	9	2	2	2	
		A4 财政投入相关性	10	5	5	5	
		A41 公共性	11	2	2	2	
		A42 公共财政支持范围合规性	12	3	3	3	

(1)A11 与国家、山东省相关行业宏观政策相关性。

国家、山东省相关行业宏观政策包括《国务院关于开展第三次土壤普查的通知》(国发〔2022〕4 号)、《山东省人民政府关于组织开展山东省第三次土壤普查的通知》(鲁政发〔2022〕5 号)、《山东省第三次土壤普查领导小组 办公室关于印发〈山东省第三次土壤普查实施方案〉的通知》(土壤普查办发〔2022〕2 号),该项目符合以上政策要求,指标标准值 5 分,本项指标得 5 分。

(2)A21 与主管部门职能、规划及当年重点工作相关性。

平原县农业农村局的职能如下。

① 贯彻执行农业农村相关法律法规和方针政策,统筹研究和组织实施"三农"工作战略、规划和政策。

② 统筹推动发展农村社会事业、农村公共服务、农村文化、农村基础设施和乡村治理。

③ 指导全县农村综合改革,提出深化农村经济体制改革和巩固完善农村基本经营制度的政策建议。

④ 指导全县乡村特色产业、农产品加工业、休闲农业发展工作,推动农业产业化经营和农村一二三产业融合发展。

⑤ 管理全县种植业、畜牧业、渔业、农垦、农业机械化。

⑥ 上级交办的其他任务。

平原县第三次土壤普查成果汇总需求项目属于平原县农业农村局的工作职责范围,符合相关政策要求,与其职能、规划相关。该指标标准值 5 分,本项指标得 5 分。

(3)A31 有现实需求,需求迫切性。

土壤是农业基础生产资料,是农业生产的重要依托。土壤普查是一项重要的县情县力调查,是查清土壤资源数量、质量、分布、利用情况的重要方法,是精准有效实施新时代保障国家粮食安全战略、推进农业绿色高质量发展的重要决策依据,对于全面推进乡村振兴、加快农业农村现代化具有不可替代的重要意义。具体现实意义如下。

① 土壤普查事关粮食安全,是严守耕地红线、保障重要农产品供给的必然要求。通过开展土壤普查,全面掌握耕地和盐碱地、沙地、裸土地、其他草地等可开垦耕地质量情况,并应用到耕地保护提升工作上。

② 土壤普查事关经济安全,是优化生产布局、推动农业高质量发展的必然要求。通过开展土壤普查,全面掌握我县各类优势特色农产品土壤养分适宜性情况,并应用到产业结构调整工作上。

③ 土壤普查事关生态安全,是改善环境质量、提升生态系统稳定性的必然要求。通过开展土壤普查,全面掌握土壤化学、物理指标,并应用到生态环境保

护工作上。

因此,平原县第三次土壤普查成果汇总需求项目有确定的受益对象,十分必要和急迫。该指标标准值 2 分,本项指标得 2 分。

(4) A32 无可替代性。

按照第三次土壤普查工作要求对平原县第三次全国土壤普查工作中形成的数据、资料及成果等进行整理、汇总,形成平原县第三次土壤普查数据与数据库成果、数字化图件成果、文字成果等。对平原县第三次土壤普查成果汇总需求项目的作用,其具有不可替代性,该指标标准值 1 分,本项指标得 1 分。

(5) A33 受益对象确定性。

该项目受益对象为广大的种植户,是立国立民的大事,受益对象明确。该指标标准值 2 分,本项指标得 2 分。

(6) A41 公共性。

该项目属于《产业结构调整指导目录(2011 年本)》(2013 年修订)中鼓励类"农林业"。为社会公共项目中的农林类,属于产业结构中的第一产业。该指标标准值 2 分,本项指标得 2 分。

(7) A42 公共财政支持范围合规性。

2. 指标 B

经初步预算平原县第三次土壤普查成果汇总需求项目需资金 150 万元,属于县财政应给予资金支持范围。该指标标准值 3 分,本项指标得 3 分。

B 投入经济性由两个二级指标、三个三级指标组成,权重分为 20 分,实际评价得分为 15 分。(指标标准值和评价得分见表 2-3)

表 2-3　项目投入经济性评分表

一级指标	二级指标	三级指标	行次	权重	标准值	得分	扣分依据
B 投入经济性			13	20	20	15	
	B1 投入合理性		14	10	10	5	
		B11 投入产出的匹配性	15	5	5	3	项目投入成本与预期产出及效果不完全匹配
		B12 投入成本的合理性,成本测算依据充分性	16	5	5	2	投入成本预算偏高,建议调减 60 万元

续表

一级指标	二级指标	三级指标	行次	权重	标准值	得分	扣分依据
		B2 成本控制措施有效性	17	10	10	10	
		B21 控制措施有效性	18	10	10	10	

（1）B11 投入产出的匹配性。

该项目为社会公共项目中的农林类，属于社会公益性事业。项目投入资金150 万元，项目实施成果如下。

① 数据成果。形成土壤类型与分布、土壤理化性状、典型区域生物性状指标，作物产量、农业生产投入品使用情况，土壤盐碱地面积与分布，土地利用类型等数据成果资料。

② 数字化图件成果。形成普查成果系列图件，主要包括全市土壤类型图、系列土壤养分图、土壤质量图、盐碱地土壤退化土壤分布图、土壤利用适宜性分布图、优势特色农产品生产区域土壤专题调查图等。

③ 文字成果。形成各类文字报告，主要包括土壤普查工作报告、技术报告，土壤利用适宜性（适宜于耕地、园地、林地和草地利用）评价报告，耕地、园地质量报告，盐碱地、耕地土壤改良利用、土壤生物学特征、特色农产品区域土壤特征及重金属阈值研究等专题报告。

④ 数据库成果。形成土壤普查数据、图件和文字等土壤普查数据库，主要包括土壤性状数据库、土壤退化与障碍数据库、土壤利用等专题数据库。

项目实施后，能够充分利用土壤普查数据，推动农业高质量发展，能够查清土壤资源数量、质量、分布、利用情况，改善土壤环境，提升土壤质量，项目完成后，能更好地为农业发展提供数据支撑。

项目投入资源与成本和预期产出及效果不完全匹配。该指标标准值 5 分，本项指标得 3 分。

（2）B12 投入成本的合理性，成本测算依据充分性。

项目申报单位预算情况：平原县第三次土壤普查成果汇总需求项目预算由平原县农业农村局申报。该项目总预算 150 万元，平原县第三次土壤普查成果汇总需求项目预算编制通过询价、结合目前的实际情况考虑，得出项目初步预算，并作为申请财政资金的依据。

预算单位预算情况:预算单位申请的平原县第三次土壤普查成果汇总需求项目金额为 150 万元。

对于现成的、标准的货源丰富且价格变化弹性不大的采购项目,且非按采购人要求的特定规格提供的产品和服务,可以采用市场询价、网上查询、咨询同类项目采购价格、电话咨询相关部门等确定采购价格,又根据德州市其他县区采购价格;测算本项目采购价格为 90 万元,在预算 150 万元的基础上调减 60 万元,本次测算的市场询价明细如下。

此询价单样品数量 785 个,和平原县采集样品数量 801 个差额较小,可以忽略。本次测算又参考其他县市——宁津县 100 万元,禹城市 80 万元,宁津和禹城与平原县土地面积比较接近,采集点数量差距不大,测算结果为 90 万元较为合理。

平原县第三次土壤普查成果汇总需求项目投入成本预算偏高,建议调减预算 60 万元,调减后预算金额为 90 万元,项目建设单位在申报采购内容清单时,对采购内容未明细报价,未明确所采购服务在共性标准上的个性差异及特殊要求,不利于最低价格的选择,造成预算偏差较大,核算不准确,不利于提高预算的准确率。

投入成本预算不准确,成本测算依据不充分,该指标标准值 5 分,本项指标得 2 分。

(3)B21 控制措施有效性。

严格建设资金管理:建设资金严格执行国家的财务制度,设置专户、施行专账、专人管理。严格资金使用,合理开支,杜绝浪费及违纪行为,确保项目资金有效安全使用。在各项制度与措施执行到位的情况下,项目在成本控制方面预期能得到保障。该指标标准值 10 分,本项指标得 10 分。

3. 指标 C

C 由两个二级指标、八个三级指标组成,权重分为 20 分,实际评价得分为 20 分。(指标标准值和评价得分见表 2-4)

表 2-4　项目绩效目标合理性评分表

一级指标	二级指标	三级指标	行次	权重	标准值	得分	扣分依据
		C 绩效目标合理性	19	20	20	20	
		C1 目标明确性	20	10	10	10	

一级指标	二级指标	三级指标	行次	权重	标准值	得分	扣分依据
		C11 绩效目标设定的明确性	21	2.5	2.5	2.5	
		C12 与部门长期规划目标、年度工作目标一致性	22	2.5	2.5	2.5	
		C13 受益群体准确性	23	2.5	2.5	2.5	
		C14 绩效目标和指标设置与项目相关性	24	2.5	2.5	2.5	
		C2 目标合理性	25	10	10	10	
		C21 绩效目标与预计解决问题的匹配性	26	2.5	2.5	2.5	
		C22 绩效目标与现实需求的匹配性	27	2.5	2.5	2.5	
		C23 绩效目标的前瞻性和挑战性	28	2	2	2	
		C24 绩效指标细化、量化及指标值的合理性	29	3	3	3	

（1）C11 绩效目标设定的明确性。

经查看项目目标申报表，项目绩效目标明确，按照第三次土壤普查工作要求对平原县第三次全国土壤普查工作中形成的数据、资料及成果等进行整理、汇总，形成平原县第三次土壤普查数据与数据库成果、数字化图件成果、文字成果等。查清土壤资源数量、质量、分布、利用情况。基本覆盖了预期的产出及效益情况，目标明确。该指标标准值 2.5 分，本项指标得 2.5 分。

（2）C12 与部门长期规划目标、年度工作目标一致性。

经查看项目目标申报表，该项目主管部门长期规划目标与年度工资目标一致，按照第三次土壤普查工作要求对平原县第三次全国土壤普查工作中形成的数据、资料及成果等进行整理、汇总，形成平原县第三次土壤普查数据与数据库成果、数字化图件成果、文字成果等，查清土壤资源数量、质量、分布、利用情况。该指标标准值 2.5 分，本项指标得 2.5 分。

（3）C13 受益群体准确性。

经查看项目目标申报表，本项目受益者为广大的种植户，定位较准确。充分利用土壤普查数据,推动农业高质量发展;查清土壤资源数量、质量、分布、利用情况,改善土壤环境,提升土壤质量。该指标标准值 2.5 分,本项指标得 2.5 分。

(4)C14 绩效目标和指标设置与项目相关性。

经查看项目目标申报表,项目目标为按照第三次土壤普查工作要求对平原县第三次全国土壤普查工作中形成的数据、资料及成果等进行整理、汇总,形成平原县第三次土壤普查数据与数据库成果、数字化图件成果、文字成果等。绩效目标和指标设置与项目高度相关,该指标标准值 2.5 分,本项指标得 2.5 分。

(5)C21 绩效目标与预计解决问题的匹配性。

经查看项目目标申报表,按照第三次土壤普查工作要求对平原县第三次全国土壤普查工作中形成的数据、资料及成果等进行整理、汇总,形成平原县第三次土壤普查数据与数据库成果、数字化图件成果、文字成果等,项目实施后能够查清土壤资源数量、质量、分布、利用情况,充分利用土壤普查数据,推动农业高质量发展。绩效目标与预计解决的问题相匹配。该指标标准值 2.5 分,本项指标得 2.5 分。

(6)C22 绩效目标与现实需求的匹配性。

按照第三次土壤普查工作要求对平原县第三次全国土壤普查工作中形成的数据、资料及成果等进行整理、汇总,形成平原县第三次土壤普查数据与数据库成果、数字化图件成果、文字成果等,项目实施后能够查清土壤资源数量、质量、分布、利用情况,充分利用土壤普查数据,推动农业高质量发展。绩效目标与现实需求相匹配。该指标标准值 2.5 分,本项指标得 2.5 分。

(7)C23 绩效目标的前瞻性和挑战性。

通过开展土壤普查,全面掌握耕地和盐碱地、沙地、裸土地、其他草地等可开垦耕地质量情况,并应用到耕地保护提升工作上。通过开展土壤普查,全面掌握平原县各类优势特色农产品土壤养分适宜性情况,应用到产业结构调整工作上。通过开展土壤普查,全面掌握土壤化学、物理指标,应用到生态环境保护工作上。绩效目标具有前瞻性。该项目标准值 2 分,本项指标得分 2 分。

(8)C24 绩效指标细化、量化及指标值的合理性。

经查看项目目标申报表,该项目的产出指标较明确,效益指标合理。该项目标准值 3 分,本项指标得分 3 分。

4. 指标 D

D 由四个二级指标、十个三级指标组成,权重分为 20 分,实际评价得分为 18 分。(指标标准值和评价得分见表 2-5)

表 2-5 项目实施方案有效性评分表

一级指标	二级指标	三级指标	行次	权重	标准值	得分	扣分依据
D 实施方案有效性			30	20	20	18	
	D1 实施内容明确性		31	5	5	5	
		D11 项目内容明确、具体与目标的匹配性	32	5	5	5	
	D2 项目时效性		33	5	5	5	
		D21 设立、退出时限性	34	2.5	2.5	2.5	
		D22 项目清理、退出、调整机制的健全性	35	2.5	2.5	2.5	
	D3 实施方案可行性		36	5	5	5	
		D31 技术方案与绩效目标匹配性	37	2	2	2	
		D32 项目组织、进度管理的合理性	38	2	2	2	
		D33 基础设施保障的有效性	39	1	1	1	
	D4 过程控制有效性		40	5	5	3	
		D41 项目及资金申报、审批等程序的规范性	41	1	1	1	
		D42 组织机构的健全性	42	1	1	1	
		D43 业务管理过程中问题的解决和保障措施	43	2	2	0	未设立和项目相关的业务管理制度,且无相应问题出现的保障措施
		D44 管控措施、机制的保证性	44	1	1	1	

(1) D11 项目内容明确、具体与目标的匹配性。

实施方案的目标为,按照第三次土壤普查工作要求对平原县第三次全国土壤普查工作中形成的数据、资料及成果等进行整理、汇总,形成平原县第三次土壤普查数据与数据库成果、数字化图件成果、文字成果等。

项目实施具体内容如下。

① 数据成果。形成土壤类型与分布、土壤理化性状、典型区域生物性状指标,作物产量、农业生产投入品使用情况,土壤盐碱地面积与分布,土地利用类型等数据成果资料。

② 数字化图件成果。形成普查成果系列图件,主要包括全市土壤类型图、系列土壤养分图、土壤质量图、盐碱地土壤退化土壤分布图、土壤利用适宜性分布图、优势特色农产品生产区域土壤专题调查图等。

③ 文字成果。形成各类文字报告,主要包括土壤普查工作报告、技术报告,土壤利用适宜性(适宜于耕地、园地、林地和草地利用)评价报告,耕地、园地质量报告,盐碱地、耕地土壤改良利用、土壤生物学特征、特色农产品区域土壤特征及重金属阈值研究等专题报告。

④ 数据库成果。形成土壤普查数据、图件和文字等土壤普查数据库,主要包括土壤性状数据库、土壤退化与障碍数据库、土壤利用等专题数据库。

项目内容明确、具体,与目标相匹配。该项目标准值 5 分,本项指标得分5 分。

(2)D21 设立、退出时限性。

项目实施日期自 2023 年 6 月至 2025 年 6 月,设立、退出时限明确。该项目标准值 2.5 分,本项指标得分 2.5 分。

(3)D22 项目清理、退出、调整机制的健全性。

通过查看项目实施方案,确认项目各项制度健全。该项目标准值 2.5 分,本项指标得分 2.5 分。

(4)D31 技术方案与绩效目标匹配性。

项目技术方案参照《第三次全国土壤普查技术规程(修订版)》,具体内容如下。

① 数据成果。形成土壤类型与分布、土壤理化性状、典型区域生物性状指标,作物产量、农业生产投入品使用情况,土壤盐碱地面积与分布,土地利用类型等数据成果资料。

② 数字化图件成果。形成普查成果系列图件,主要包括全市土壤类型图、系列土壤养分图、土壤质量图、盐碱地土壤退化土壤分布图、土壤利用适宜性分布图、优势特色农产品生产区域土壤专题调查图等。

③ 文字成果。形成各类文字报告,主要包括土壤普查工作报告、技术报告,

土壤利用适宜性(适宜于耕地、园地、林地和草地利用)评价报告,耕地、园地质量报告,盐碱地、耕地土壤改良利用、土壤生物学特征、特色农产品区域土壤特征及重金属阈值研究等专题报告。

④ 数据库成果。形成土壤普查数据、图件和文字等土壤普查数据库,主要包括土壤性状数据库、土壤退化与障碍数据库、土壤利用等专题数据库。

绩效目标:按照第三次土壤普查工作要求对平原县第三次全国土壤普查工作中形成的数据、资料及成果等进行整理、汇总,形成平原县第三次土壤普查数据与数据库成果、数字化图件成果、文字成果等。

综上技术方案基本合理、可行,与项目绩效目标相匹配。该项目标准值2分,本项指标得分2分。

(5)D32 项目组织、进度管理的合理性。

为确保该项目顺利实施,成立平原县第三次土壤普查领导小组,领导小组全面负责第三次土壤普查事宜。

领导小组下设办公室,办公室设在县农业农村局,各有关部门、单位要按照职责分工密切配合,共同做好土壤普查工作。县农业农村局牵头负责业务指导检查方面工作;县财政局牵头负责普查经费保障方面工作;县农业农村局会同县自然资源局、县统计局负责处理数据统计分析方面工作;各乡镇政府(办事处)配合入村调查和土样采集落实工作。

根据国务院统一安排,第三次全国土壤普查于2023年全面铺开,2025年全面完成。根据省农业农村厅统一安排,平原县须完成782个土壤表层样采集任务和19个左右的土壤剖面样点采集任务。根据时间节点,2023年9月中下旬要全面进行土壤调查采集,且土壤表层样采样窗口在10天左右必须完成。2025年6月底前,组织开展土壤基础数据、土壤剖面调查数据和标本、土壤利用数据的审核、汇总与分析。绘制专业图件,撰写普查报告,形成数据、文字、图件、数据库、样品库等普查成果并与有关部门等共享。项目组织管理、进度安排基本合理。该项目标准值2分,本项指标得分2分。

(6)D33 基础设施保障的有效性

据项目实施方案中的各项具体保障措施,各有关部门、单位要按照职责分工密切配合,共同做好土壤普查工作。县农业农村局牵头负责业务指导检查方面工作;县财政局牵头负责普查经费保障方面工作;县农业农村局会同县自然资源局、县统计局负责处理数据统计分析方面工作;各乡镇政府(办事处)配合入村调查和土样采集落实工作。与项目有关的基础保障条件能够得到有效保障。该项目标准值 1 分,本项指标得分 1 分。

(7)D41 项目及资金申报、审批等程序的规范性。

通过查看项目实施方案,明确项目实施步骤:申报→资金审批→初步设计申报审批→事前绩效评估→项目招标→项目验收→交付成果。项目申报、审批、调整及项目资金申请、审批、拨付等方面已履行或计划履行的程序规范。该项目标准值 1 分,本项指标得分 1 分。

(8)D42 组织机构的健全性。

据项目实施方案,为确保该项目顺利实施,平原县成立第三次土壤普查领导小组,领导小组全面负责第三次土壤普查事宜。项目制订了具体的实施方案,人员职责分工具体、明确。该项目标准值 1 分,本项指标得分 1 分。

(9)D43 业务管理过程中问题的解决和保障措施。

通过查看项目实施方案,该项目未设立和项目相关的业务管理制度,且无相应问题的保障措施。应设立相应的管理制度及保障措施,在各项管理制度执行到位、各项操作严格遵守技术规范的情况下,项目执行中的风险能够减少到最低程度。该项目标准值 2 分,本项指标得分 0 分。

(10)D44 管控措施、机制的保证性。

据项目实施方案,该项目执行过程中设立管控措施,相关措施能够保证项目顺利实施。该项目标准值 1 分,本项指标得分 1 分。

5. 指标 E

E 由三个二级指标、八个三级指标组成,权重分为 20 分,实际评价得分为 20 分。(指标标准值和评价得分见表 2-6)

表 2-6　项目筹资合规性评分表

一级 指标	二级 指标	三级指标	行次	权重	标准值	得分	扣分 依据
E 筹资合规性			45	20	20	20	
		E1 筹资合规性	46	10	10	10	
		E11 资金来源渠道合规性	47	4	4	4	
		E12 资金筹措程序的规范性	48	4	4	4	
		E13 财权和事权的匹配性	49	2	2	2	
		E2 财政投入能力	50	5	5	5	

一级指标	二级指标	三级指标	行次	权重	标准值	得分	扣分依据
		E21 各级财政配套方式和承受能力的合理性	51	2	2	2	
		E22 项目资金重复投入	52	2	2	2	
		E23 支持方式的科学合理性	53	1	1	1	
		E3 筹资风险可控性	54	5	5	5	
		E31 对风险认识全面、有应对措施	55	3	3	3	
		E32 应对措施的可行性、有效性	56	2	2	2	

（1）E11 资金来源渠道合规性。

据项目实施方案及相关文件,资金来源渠道为财政拨款,符合相关规定。该项目标准值 4 分,本项指标得分 4 分。

（2）E12 资金筹措程序的规范性。

据项目实施方案,该项目要求严格按照财政资金申请、拨付手续规范进行。该项目标准值 4 分,本项指标得分 4 分。

（3）E13 财权和事权的匹配性。

该项目属于公共性质,目前平原县财力完全能够保障项目实施所需经费的来源,财权与事权相匹配。该项目标准值 2 分,本项指标得分 2 分。

（4）E21 各级财政配套方式和承受能力的合理性。

该项目属于公共性质,由县级财政资金承担。根据 2022 年县级财政承受能力,平原县财力完全有能力承担项目支出。该项目标准值 2 分,本项指标得分 2 分。

（5）E22 项目资金重复投入。

通过查看实施方案,该项目属于公益性质,资金由县级财政资金承担,未有其他部门的资金投入,不存在重复投入的情况。该项目标准值 2 分,本项指标得分 2 分。

（6）E23 支持方式的科学合理性。

该项目属于公共性质,财政资金用于该项目的服务采购,支持方式科学合理。该项目标准值 1 分,本项指标得分 1 分。

（7）E31 对风险认识全面、有应对措施。

该项目属于公共性项目,资金由县级财政资金承担。依据 2020 年县级财政承受能力,县财政完全有能力承担该项目资金,保证项目的顺利实施和完成。该项目标准值 3 分,本项指标得分 3 分。

（8）E32 应对措施的可行性、有效性。

该项目在各项管理制度与措施执行到位的情况下,在执行方面有保障。该项目标准值 2 分,本项指标得分 2 分。

（十）总体结论

该项目相关性显著,绩效可实现性较强,实施方案比较有效,预期绩效具有一定可持续性,且财政资金投入风险基本可控。综合评价 93 分,对该项目建议"予以支持",将预算总成本由 150 万元调减为 90 万元。

（十一）存在的问题

1. 项目投入资源和成本与预期产出及效果不完全匹配

项目投入资源和成本超过了所获得的预期产出,投入成本与预期产出及效果不完全匹配。

2. 该项目投入成本存在偏高的情况

项目事前所做的调研不够细致,项目初期申请资金额与预算资金额存在差异,通过对所购设备采用市场询价、网上查询、咨询同类采购价格、电话咨询相关部门等方式发现其投入成本偏高。

3. 业务管理制度不健全

项目未有相应的业务管理制度,不利于业务管理过程中问题的解决且未配有相应的保障措施。

（十二）相关建议

建议项目单位做项目设计时统筹考虑投入与产出及效果的匹配性,保证项目实施后达到相匹配的产出和效益,减少资金支出。

建议项目申报单位降低成本,依据市场询价、网上查询、同类项目采购价格查询、电话咨询相关部门等,将预算总成本由 150 万元调减为 90 万元,在保证项目质量的前提下,以最小成本获得最大收益。

建议项目申报单位完善业务管理制度,以利于解决业务管理过程中出现的问题,并配有相应的保障措施,使项目执行中风险的影响降到最低程度。

（十三）其他需要说明的问题

该报告是评价机构根据对项目主管单位所提供的材料进行全面分析与评估，结合现场考察情况综合形成的。报告重点针对项目预算申报进行评估。该报告的结论与意见是参考性的，仅供财政部门批复预算时使用，不做其他用途。

第二节　绩效目标管理

绩效目标管理是现代财政管理的核心工具，其通过设定清晰、可量化的目标，将政策意图转化为可操作的行动指南，确保财政资源从"投入导向"转向"结果导向"。在财政收支矛盾加剧、治理效能要求提升的背景下，绩效目标管理不仅是优化资源配置的技术手段，更是推动政府治理现代化的战略抓手。

一、绩效目标和绩效目标管理的概念

绩效目标是指组织、部门或个人在特定时期内，为实现其战略规划和任务要求，预先设定的具有明确量化指标和时间限制的预期成果或成效标准。它具有多方面的重要意义，是绩效管理的核心要素之一。

绩效目标管理是财政部门、预算单位以绩效目标为对象，以绩效目标的设定、审核、批复等为主要内容所开展的预算管理活动。

二、绩效目标的分类

绩效目标可以按照多种方式进行分类，常见的分类方式有以下几种。

（一）按照预算支出的范围和内容分类

项目支出绩效目标，指各预算部门（单位）依据自身职责和事业发展要求使用预算安排的项目资金在一定期限内预期达到的产出和效果。

专项资金绩效目标，指各预算部门（单位）通过财政专项资金政策的实施，在一定时间内预期达到的产出和效果。

部门整体支出绩效目标，指预算部门（单位）按照确定的职能职责使用全部财政资金在一定期限内预期达到的总体产出和效果。

（二）按层级分类

组织绩效目标，指组织整体层面设定的目标，反映了组织在一定时期内要达成的总体成果和发展方向,对组织的战略规划和发展具有引领作用。例如,企业设定未来 5 年内市场占有率达到行业前三的目标。

部门绩效目标,指根据组织绩效目标分解到各个部门的目标,体现了部门在支持组织整体目标实现中所承担的具体任务和责任。例如,销售部门年度销售额增长 20% 的目标。

个人绩效目标,指员工个人为了完成所在岗位工作任务,支持部门和组织目标实现而设定的目标。例如,某员工设定在本季度内完成 10 个新客户开发的目标。

(三)按时间跨度分类

长期绩效目标,一般是指跨度在 3 年以上的目标,具有战略性和前瞻性,为组织或个人的长远发展指明方向。例如,高校制定的 10 年内建设成为国内一流大学的目标。

中期绩效目标,通常是指 1—3 年的目标,是对长期目标的阶段性分解,起到承上启下的作用,将长期目标细化为具体的、可操作的阶段性任务。例如,企业制定的 2 年内产品线扩展到 3 个新领域的目标。

短期绩效目标,一般是指 1 年以内的目标,具有较强的针对性和可操作性,是实现中、长期目标的具体步骤和行动指南。例如,部门月度销售额达到 50 万元的目标。

(四)按性质分类

定量绩效目标,指可以用具体数据指标来衡量的目标,具有明确的量化标准,能够直观地反映工作成果的数量、质量、成本、时间等方面的要求。例如,生产部门产品合格率达 98%、项目成本控制在 100 万元以内等目标。

定性绩效目标,难以用具体数据进行精确衡量,主要从工作的性质、特点、要求等方面进行描述,通常用于评价那些无法直接量化的工作成果或工作行为。如员工的团队协作能力得到明显提升、客户满意度达到较高水平等目标。

(五)按内容分类

业绩目标,主要关注工作的结果和产出,反映了组织或个人在完成任务、实现效益等方面的目标要求。例如,企业的年度利润增长 15%、项目按时交付率达 95% 等目标。

能力目标,侧重于员工个人或组织在知识、技能、素质等方面的提升和发展,是为了更好地完成工作任务、实现业绩目标而设定的能力培养目标。例如,员工在本年内通过某项专业技能考试、团队成员沟通能力得到显著提高等目标。

态度目标,主要涉及员工在工作中的态度和行为表现(如工作积极性、责任心、敬业精神)的目标要求。例如,员工在工作中做到全勤、对待客户投诉的响应速度及时等目标。

(六)按重要程度分类

关键绩效目标,指对组织或个人的工作成果具有关键影响和决定作用的目标,是实现组织战略和业务目标的核心指标,通常与组织的核心业务、关键流程和重要工作任务紧密相关。例如,电商企业的用户活跃度增长率、产品研发企业的新产品研发成功率等目标。

一般性绩效目标,指除关键绩效目标之外的其他目标,对工作的整体推进和完善起到补充和支持作用,虽然重要性相对较低,但也是保证工作顺利进行和整体绩效提升的重要组成部分。例如,行政部门办公用品采购成本降低10%、办公室环境整洁度保持良好等目标。

三、绩效目标管理的依据

绩效目标管理的依据包括以下几类。

(1)相关法律、法规和规章制度,国家和省、市、县国民经济和社会发展规划、宏观调控总体要求等。

(2)部门职能及发展规划、年度工作计划、项目规划等。

(3)各级财政中期和年度预算管理要求。

(4)资金申请文件、资金管理办法、项目规划和申报指南。

(5)相关历史数据、行业标准、计划标准、行业规划、社会预期等。

(6)上级下达任务和评价指标。

(7)上级财政和业务主管部门认可的其他依据。

四、绩效目标管理的原则

绩效目标管理应遵循明确性、可衡量性、可实现性、相关性、时限性、全员参与、反馈与调整、动态性等原则,具体如下。

(一)明确性原则

绩效目标必须清晰、具体、明确,让员工清楚地知道自己需要完成什么任务,达到什么样的标准。例如,"提高客户满意度"这样的目标就比较模糊,而"将客户满意度提升至 90％以上,具体通过将客户投诉率降低至 5％以内,客户推荐率提高至 30％以上来实现"就是一个明确的绩效目标。

(二)可衡量性原则

绩效目标应该是可以量化或能够通过某种客观的方法进行衡量的,以便于在绩效评估时能够准确地判断目标的完成情况。例如,生产部门的"产品合格率达到 98％"、销售部门的"月度销售额达到 50 万元",这些目标都可以通过具体的数据来衡量。

(三)可实现性原则

绩效目标既要有一定的挑战性,又要在员工的能力范围之内,是员工通过努力可以实现的。如果目标过高,员工无论怎么努力都无法完成,会打击员工的积极性;如果目标过低,又无法激发员工的潜力。例如,对于一个去年销售额为 300 万元的销售团队,今年设定销售额达到 500 万元是一个具有挑战性但通过努力有可能实现的目标,而如果设定 1 000 万元的目标,可能会超出团队的能力范围,不太现实。

(四)相关性原则

绩效目标要与组织的战略目标、部门的职能以及员工的岗位职责紧密相关,确保员工的工作是围绕组织的整体目标展开的,能够为组织的发展作出贡献。例如,人力资源部门的招聘目标要与公司的业务扩张计划相匹配,财务部门的成本控制目标要与公司的整体预算和盈利目标相关联。

(五)时限性原则

绩效目标必须设定明确的时间期限,规定在什么时间内完成目标,这样可以使员工有明确的时间观念,合理安排工作进度,也便于管理者进行监督和评估。例如,"在本季度末完成新产品的研发工作""年底前将市场占有率提高 10 个百分点"。

(六)全员参与原则

在绩效目标设定过程中,应该让管理者与员工共同参与,充分沟通。员工参与目标设定可以使他们更好地理解目标的意义和要求,增强他们对目标的认同感和责任感,提高他们的工作积极性和主动性。例如,在制定年度销售目标时,销售经理可以与销售人员一起讨论市场情况、客户需求等,共同确定合理的销售目标和行动计划。

（七）反馈与调整原则

在绩效目标实施过程中，管理者要及时向员工反馈目标的完成情况，让员工了解自己的工作进展与目标的差距，以便员工及时调整工作方法和策略。同时，根据内外部环境的变化，如市场形势的变化、公司战略的调整，对绩效目标进行合理的调整，确保目标的合理性和有效性。

（八）动态性原则

组织所处的内外部环境是不断变化的，绩效目标管理也应具有动态性，能够根据环境的变化及时调整和优化。例如，当市场出现新的竞争对手或技术变革时，组织需要相应地调整绩效目标，以保持竞争力。

五、绩效目标管理的主要内容

绩效目标管理的主要内容涉及目标设定、审核、批复、监控以及评价等多个环节，主要包括以下内容。

（一）绩效目标的设定

首先，明确总体目标。根据国家宏观政策、财政政策以及经济社会发展规划等，确定财政资金使用的总体方向和预期效果，如促进经济增长、保障社会民生、推动科技创新。举例来说，为推动乡村振兴战略实施，将"提升农村基础设施建设水平，促进农村产业发展，实现农民增收"作为财政资金支持乡村振兴领域的总体目标。

接下来，细化具体目标。将总体目标细化为具体、可衡量、可实现、相关联、有时限的绩效目标。一般从投入、过程、产出、效益等方面进行设定。例如在教育领域，投入目标可能是"确保年度教育经费投入增长 10%"，过程目标为"在本年内完成所有学校的信息化建设招标工作"，产出目标为"新增学位 10 000个"，效益目标为"学生综合素质测评优秀率提高 15%"。

（二）绩效目标的审核

绩效目标审核包括以下三种。

合规性审核。审核绩效目标是否符合国家法律法规、政策要求以及财政资金管理规定等，确保财政资金使用合法合规。比如，检查扶贫资金的绩效目标是否符合国家扶贫政策的相关规定和标准。

合理性审核。评估绩效目标是否与财政资金的规模、使用方向和预期效果相匹配,是否符合实际情况和客观规律。例如,审核一项环保治理项目的绩效目标,看其设定的治理效果是否与投入的资金量相适应,是否在技术和现实条件下可行。

完整性审核。查看绩效目标的内容是否完整,是否涵盖投入、过程、产出、效益等方面,指标设置是否全面、准确。若一个文化项目的绩效目标只关注了演出场次等产出指标,而忽略了观众满意度等效益指标,则需要补充完善。

(三)绩效目标的批复

财政部门对绩效目标审核通过后,首先要将绩效目标随预算一并批复给预算单位,作为预算执行和绩效评价的依据。例如,在年初预算下达时,将各部门的项目绩效目标以正式文件的形式批复给相关部门,明确其在预算执行过程中需要达到的绩效要求。而后,在批复中明确预算单位在绩效目标管理中的主体责任,要求其严格按照批复的绩效目标组织实施预算项目,确保绩效目标的实现。

(四)绩效目标的监控

绩效目标监察包括以下几个方面。

定期跟踪。财政部门通过建立绩效监控机制,定期对预算执行和绩效目标完成情况进行跟踪检查,收集相关数据和信息。例如,每月或每季度要求预算单位报送项目进展情况和资金使用情况,掌握绩效目标的实现进度。

偏差分析。对比实际执行情况与绩效目标,分析偏差产生的原因,判断是否存在资金使用不合理、项目进度滞后、绩效目标无法实现等问题。例如,发现某个基础设施建设项目由于前期征地拆迁问题导致进度滞后,与绩效目标存在偏差,需要深入分析原因并采取措施解决。

及时调整。根据偏差分析结果,对确因政策调整、不可抗力等因素导致绩效目标无法实现或需要调整的,按照规定程序及时调整绩效目标。例如,在疫情防空时期,需要对一些旅游发展项目的绩效目标进行调整,财政部门应根据实际情况,重新评估并调整相关目标和预算安排。

(五)绩效目标的评价

首先,要开展绩效评价。在预算项目结束后或一定周期内,财政部门组织对绩效目标的完成情况进行评价,可通过自我评价、第三方评价等方式,运用科学合理的评价方法和指标体系,对财政资金使用的经济性、效率性、效益性等进行全面评价。

接着,要进行评价结果应用。将绩效评价结果作为以后年度预算安排、政策调整、项目管理改进的重要依据。对绩效好的项目,在资金安排上给予倾斜;对绩效差的项目,减少预算安排或暂停项目实施,并要求相关单位进行整改。

六、绩效目标管理的工作流程

财政绩效目标管理的工作流程一般包括目标申报、目标审核、目标批复、目标执行监控和目标信息公开等主要环节,具体如下。

(一)目标申报

首先要进行前期准备。财政部门根据国家宏观政策、财政政策以及经济社会发展规划等,确定财政资金使用的总体方向和重点领域,发布绩效目标申报通知和相关指南,明确申报要求、格式、指标体系等内容。

接着,进行部门申报。预算单位依据财政部门的要求,结合本部门职能、工作任务和项目特点,对拟申请预算资金的项目或政策,从投入、过程、产出、效益等方面,细化量化各项绩效目标,填报绩效目标申报表,详细说明目标的具体内容、指标值、实现时间等信息,并提供相关依据和证明材料。

(二)目标审核

1. 形式审核

财政部门首先对预算单位报送的绩效目标申报表进行形式审核,检查申报资料是否齐全、格式是否规范、内容是否完整等。

2. 实质性审核

实质性审核包括以下五个方面。

(1)合规性审核。审核绩效目标是否符合国家法律法规、政策要求以及财政资金管理规定等。

(2)合理性审核。评估绩效目标是否与财政资金的规模、使用方向和预期效果相匹配,是否符合实际情况和客观规律。

(3)相关性审核。审查绩效目标与部门职能、工作任务以及项目实施内容是否紧密相关,是否能够准确反映项目或政策的预期产出和效益。

(4)完整性审核。查看绩效目标的内容是否完整,是否涵盖了投入、过程、产出、效益等各个方面,指标设置是否全面、准确。

(5)审核意见反馈与修改。财政部门将审核意见反馈给预算单位,对于不符合要求的绩效目标,要求预算单位进行修改完善,必要时可组织专家或相关人员进行论证和指导。

（三）目标批复

首先是同步批复。财政部门对绩效目标审核通过后,将绩效目标随预算一并批复给预算单位,明确其在预算执行过程中需要达到的绩效要求,作为预算执行和绩效评价的依据。

接着要正式下达。以正式文件的形式将绩效目标下达给预算单位,确保绩效目标的严肃性和权威性。

（四）目标执行监控

首先建立监控机制。财政部门建立绩效目标执行监控机制,通过信息化手段或定期报告制度,对预算执行和绩效目标完成情况进行动态跟踪监控。

其次,进行数据收集与分析。定期收集预算单位的绩效目标执行数据,对比实际执行情况与绩效目标,分析偏差产生的原因,判断是否存在资金使用不合理、项目进度滞后、绩效目标无法实现等问题。

最后,及时纠偏调整。根据监控和分析结果,对绩效目标执行过程中出现的偏差,及时督促预算单位采取措施进行纠正;对因政策调整、不可抗力等因素导致绩效目标无法实现或需要调整的,按照规定程序及时调整绩效目标和预算安排。

（五）目标信息公开

按照政府信息公开的有关规定,将财政绩效目标管理的相关信息,如绩效目标、评价结果,向社会公开,接受公众监督,提高财政资金使用的透明度和公信力。

七、绩效目标管理的县级实践——以平原县为例

（一）制定完善的管理制度

为进一步加强财政资金管理,增强预算编制的科学性、合理性和规范性,强化支出责任,提高财政资金使用效益,根据《中共平原县委　平原县人民政府关于全面实行预算绩效管理的实施意见》《平原县人民政府办公室关于印发〈平原县县级部门单位预算绩效管理办法〉的通知》文件精神,平原县财政局研究制定了《平原县县级预算绩效目标管理办法》（以下简称《办法》）。

1.《办法》对绩效目标的分类

（1）按照预算支出的范围和内容划分，包括项目支出绩效目标、专项资金绩效目标和整体支出绩效目标。

① 项目支出绩效目标，指各预算部门（单位）依据自身职责和事业发展要求，使用预算安排的项目资金在一定期限内预期达到的产出和效果。

② 专项资金绩效目标，指各预算部门（单位）通过财政专项资金政策的实施，在一定时间内预期达到的产出和效果。

③ 部门整体支出绩效目标，指预算部门（单位）按照确定的职能职责，使用全部财政资金在一定期限内预期达到的总体产出和效果。

（2）按照时效性划分，包括中长期绩效目标和年度绩效目标。

① 中长期绩效目标，指各部门（单位）预算资金在跨度多年的计划期内预期达到的产出和效果。

② 年度绩效目标，指各部门（单位）预算资金在一个预算年度内预期达到的产出和效果。

2.《办法》规定了绩效目标管理主体的主要职责

绩效目标管理的主体分别是财政部门和预算部门，其中财政部门负责本级，并牵头负责各预算部门的绩效目标管理，预算部门具体负责本部门及所属单位的绩效目标管理及汇总工作。

（1）《办法》明确了财政部门的主要职责。

① 研究制定绩效目标管理的有关制度文件。

② 组织、指导各预算部门的绩效目标编制，审核并批复绩效目标。

③ 督促和指导预算部门按照批复的绩效目标开展绩效监控、绩效评价。

（2）《办法》明确了预算部门的主要职责。

① 建立健全本部门预算绩效目标管理制度，完善预算绩效目标管理流程。

② 组织完成本部门及所属单位绩效目标的设定、编制、申报、调整和汇总上报工作，并按照批复的绩效目标组织实施。

③ 按规定公开本部门绩效目标，监督、指导所属单位公开本单位预算绩效目标。

3.《办法》对绩效目标编制提出具体要求

绩效目标由县级部门及其所属单位，按照"谁申请资金，谁编制目标"的原则科学编制。绩效目标要能清晰反映预算资金的预期产出和效果，并以相应的绩效指标予以细化、量化描述。

预算部门(单位)编制下一年度预算或追加预算时,根据设定的绩效目标,同时编制《项目支出绩效目标申报表》,随预算一并报送县财政部门,并随预算编制流程相应调整绩效目标。

(1)指向明确。绩效目标要符合国家相关法律、法规和相关制度,符合国民经济和社会发展规划,符合部门(单位)职能及事业发展规划等要求,并与相应的预算支出内容、范围、方向、重点、效益和效果紧密相关。

(2)细化量化。绩效目标应当从数量、质量、时效以及经济效益、社会效益、生态效益、可持续影响、满意度等方面进行细化,尽量定量表述;不能定量的,可采用定性表述,但应具有可衡量性。

(3)合理可行。绩效目标设定要以结果为导向,经过调查研究和科学论证,符合客观实际;绩效目标要与计划期内的任务数或计划数相适应,与预算确定的投资额或资金量相匹配,对完成任务目标具有约束力,避免设立得过高或过低。

(4)绩效目标申报的主要内容应包括总体目标、绩效指标及其指标值。

(5)总体目标应从相关财政支出的政策意图、总任务、总要求、总产出和总效益等方面进行设定。

(6)绩效指标主要包括产出指标、效益指标和满意度指标等。

① 产出指标是对预期产出的描述,包括提供的公共产品和服务的数量指标、质量指标、时效指标、成本指标等。

② 效益指标是对预期效果的描述,包括经济效益指标、社会效益指标、生态效益指标、可持续影响指标等。

③ 满意度指标反映服务对象或项目受益人及其他相关群体的认可程度。

④ 绩效指标应当明确指标值,且与绩效指标逐一对应。指标值通常用相对值和绝对值表示。绩效标准可依据或参考历史标准、行业标准、计划标准或财政部门、县业务主管部门认可的其他标准进行编报。

4.《办法》对绩效目标审核的规定

按照"谁分配资金,谁审核目标"的原则,绩效目标由预算部门和财政部门按照预算管理程序分别审核。

绩效目标审核要点如下。

(1)完整性审核。绩效目标填报要素是否齐全完整,是否细化量化,明确清晰。

(2)相关性审核。绩效目标是否与单位职责任务紧密相关,是否设定了相关联的绩效指标,是否与资金预算安排相匹配。

(3)可行性审核。绩效目标是否符合国家法律法规及相关规划,是否符合县委县政府决策部署及经济社会发展需要,是否经过充分论证和合理测算,绩效目标是否过高或过低,是否符合成本效益最优原则等。

(4)其他审核。预算部门负责对其所属单位报送的绩效目标进行审核,提出审核意见并反馈修改完善后,按程序报送县财政部门。

① 财政部门负责对预算部门报送的绩效目标进行审核,提出意见并反馈预算部门修改完善。

② 对预算金额较大、专业技术性复杂、社会关注程度高、对经济社会发展具有重要影响、关系重大民生领域的重点项目,财政部门和预算部门可根据需要,组织专家学者、高等院校、科研院所、中介机构、行业协会等相关行业领域第三方予以审核,必要时可邀请有关人大代表、政协委员、社会公众等共同参与,提出审核意见和建议。

5.《办法》对绩效目标批复的规定

按照"谁批复预算,谁批复目标"的原则,在预算经县人大审查和批准后,财政部门在批复预算时,一并将项目支出绩效目标批复到部门。

绩效目标确定后,原则上不予调整和变更。预算执行中追加预算或因特殊原因确需调整(调剂)预算或绩效目标的,应按预算管理流程,按照规定程序重新报批。

预算部门及其所属单位在绩效目标批复后,按照批复组织预算执行,并按照政府信息公开的要求,公开已批复的预算及绩效目标,接受社会监督。

(二)配套出台了具体工作指引

为进一步提升县级预算绩效目标管理质量,增强绩效目标的规范性、引导性和约束性,平原县研究制定了《平原县县级预算绩效目标设置指引》(以下简称《指引》),《指引》针对县级预算绩效目标管理实际设计,在阐述绩效目标基本概念的基础上,分为政策和项目预算绩效目标编制、部门和单位预算整体绩效目标编制两部分内容,按照明确总目标、分解绩效指标、确定指标值的顺序进行编写,并详细说明绩效指标完成值的来源和取值方式,为各县直部门、单位开展预算绩效管理提供依据和参考。

1.绩效目标构成

(1)编制政策和项目预算绩效目标,应确定基本信息、总体绩效目标、绩效指标和指标值。

①　基本信息。基本信息包括项目名称、性质、主管部门、项目金额等,与项目申报入库时填报的项目信息相一致。只需要在预算一体化系统申报入库时填报一次,系统自动带入绩效目标申报表,不需要重复填报。

②　总体绩效目标。总体绩效目标是对预算资金的政策意图、总任务、总要求、总产出和总效益等内容的概况性描述。对于实施期超过一年的政策和项目,需要分别编制实施期绩效目标和年度绩效目标;对于实施期不超过一年的政策和项目,实施期绩效目标与年度绩效目标保持一致。

③　绩效指标和指标值。绩效指标是对总体绩效目标的分解和细化,用于衡量总体绩效目标的预期实现情况。绩效指标一般分为成本指标、产出指标、效益指标和满意度指标。绩效指标应以定量指标为主,确实难以量化的,可以适当使用定性指标,通过文字进行描述。绩效指标确定后,应科学设置具体指标值。

（2）编制部门和单位预算整体绩效目标,应确定基本信息、年度整体绩效目标、绩效指标和指标值。

①　基本信息。基本信息包括部门和单位名称、预算代码、基本情况、批复部门预算资金等信息。

②　年度整体绩效目标。围绕部门和单位主要职责及重点任务,对其年度整体预算支出的总产出和总效益等进行概括性描述,既反映预期工作内容,也体现预期效果。

③　绩效指标和指标值。绩效指标是对年度绩效目标的分解和细化,用于衡量总体绩效目标的预期实现情况。绩效指标应以定量指标为主,确实难以量化的,可以适当使用定性指标,通过文字进行描述。绩效指标确定后,应科学设置具体指标值。

2. 政策和项目预算绩效目标编制

（1）编确定总体绩效目标。

总体绩效目标包括政策和项目计划完成的工作（产出）以及通过这些工作预期达到的效果（效益）,应避免出现有"绩"无"效",或有"效"无"绩"的问题。建议采用"通过做……事情,实现/达到……效果"进行表述,如"通过新建、改扩建××所幼儿园,实现新增学位××个,区域学前三年毛入园率达到××％"。

总体绩效目标应符合相关政策及规划要求,与预算编制的内容和数据保持一致,贴合政策和项目的预算规模及支出内容,可适当引用相关政策依据、任务来源,但应避免完全摘抄政策文件中的表述。

当总体绩效目标涉及多方面、多层次内容时,应在对内容分类归集的基础上,针对同类内容进行归纳描述,避免目标庞杂、逻辑不清。表述形式可为"目标1:经开展××工作,实现××效益;目标2:通过完成××工作,达成××的目标,解决××问题"等。

总体绩效目标在形式上是一段完整的表述,概括体现政策和项目预期目标的基本情况,不能简单地堆砌、复制绩效指标。总体绩效目标应体现预期性,而非事后总结,在表述上不应使用"实现了""解决了"等文字。

在项目入库时,所有政策和项目都要填报实施期绩效目标,否则项目不予入库。在编制年度预算时,对于实施期超过一年的政策和项目,应按照与预算资金相匹配的原则,填报年度绩效目标;对于实施期不超过一年的政策和项目,其年度绩效目标与实施期绩效目标一致,由预算一体化系统从项目库中自动带入,不需要另行填报。

(2)确定绩效指标。

根据具体预算安排和工作任务,将政策和项目的总体绩效目标和年度绩效目标分解成多个子目标,具体分析投入资源、开展活动、质量标准、成本要求、产出效果等内容,据此设置绩效指标。绩效指标包括成本指标、产出指标、效益指标和满意度指标四类一级指标。原则上每一项目均应设置成本指标、产出指标和效益指标。满意度指标根据实际需要选用。

① 成本指标。

成本指标反映政策和项目的成本测算和构成情况,具体包括经济成本、社会成本、生态环境成本等二级指标。

经济成本指标。该指标反映实施相关政策和项目所产生的直接经济成本,一般从总成本、分项成本和单位成本三个方面反映。其中总成本指标反映政策和项目的预算总额。分项成本指标反映成本构成情况,可根据政策和项目实施内容、任务清单或费用明细设置,分项成本金额合计应等于政策和项目预算总额。例如,××建设项目,分项成本指标可设置为委托业务费、大型修缮费、租赁费、办公费、购置费、其他费用等。单位成本指标反映预算安排所依据的成本定额、支出标准或单位成本。对于有明确成本定额、支出标准的,按照相关规定执行;对于没有明确成本定额、支出标准的,根据部门、单位测算标准填写单位成本;无法确定单位成本的,可不填单位成本。

社会成本指标。该指标反映实施相关政策和项目对社会发展、公共福利等方面预期造成的负面影响。例如,大型工程基建类项目可能涉及移民搬迁、房屋、农田迁占等对当地人口结构、社区环境等带来的负面影响,可设置"丧失生产资料的农户数量"等指标;技术改造项目在短期内对区域就业带来影响,可设置"吸纳就业人口降低率"等指标。

生态环境成本指标。该指标反映实施相关政策和项目对生态环境预期造成的负面影响。例如,大型水利工程建设可能对当地水生生物保护带来负面影响,工业园区建设带来潜在污染物排放等负面影响。对此,可设置"水生生物种群潜在减少数量""园区边界 500 米处噪声分贝""潜在排放大气污染物种类数量"等指标。

社会成本指标和生态环境成本指标为负作用成本指标,对不涉及相关负面影响的政策和项目,可不予设置。

② 产出指标。

产出指标是对预期产出的描述,包括数量指标、质量指标、时效指标等二级指标。产出指标的设置应当与主要支出方向相对应,原则上不应存在缺项或漏项,不同对象和类别的产出指标应分别设置。其中,数量指标和质量指标原则上均需设置,有明确时限要求的项目应设置时效指标,其他情况下不做强制要求。

数量指标。该指标反映预期提供的公共产品或服务数量,应根据政策和项目活动设定相应的指标内容。数量指标应突出重点,力求以较少的指标涵盖主要工作内容。一般用绝对值表示,如"修建农村公路数""发放低保家庭补贴户数"。

质量指标。该指标反映预期提供的公共产品或服务达到的标准和水平,如"设备故障率""项目竣工验收合格率"。

时效指标。该指标反映预期提供公共产品或服务的及时程度和效率情况,应针对政策和项目的整体完成时间设置约束性指标。对于具备条件的政策和项目,还应设置反映关键性时间节点或工作开展的周期或频次的指标,如"主体工程完成时间""助学金发放周期"。

③ 效益指标。

效益指标是对预期效果的描述,包括经济效益指标、社会效益指标、生态效益指标、可持续影响指标等二级指标。

经济效益指标。该指标反映相关产出对经济效益带来的影响和效果,包括相关产出在当年及以后年度持续形成的经济效益,以及自身创造的直接经济效益和引领行业带来的间接经济效益,如"产业增加值""人均收入增长率"。

社会效益指标。该指标反映相关产出对社会发展带来的影响和效果,用于体现项目实施当年及以后若干年在提升政府治理水平、落实国家政策、推动行业发展、服务民生大众、维持社会稳定、促进社会公平、提高服务效率等方面的效益,如"下岗职工再就业率""适龄儿童入学率"。

生态效益指标。该指标反映相关产出对自然生态环境带来的影响和效果,包括相关产出在当年及以后若干年持续形成的生态效益,如"污水排放减排量""绿化覆盖率""空气质量优良率"。

可持续影响指标。该指标反映政策和项目的实施对单位或社会持续发展所产生的影响。例如科技成果转化项目,项目实施在产生成果转化主要效益的同时,也在人才培养、研发能力提升等方面对单位或社会持续发展产生了影响,可设置"人才培养数""专利申请数"等指标。

对于具备条件的社会效益指标和生态效益指标,应尽可能通过科学合理的方式,在予以货币化、等量化反映的基础上,转列为经济效益指标,以便于进行成本效益分析比较。

④ 满意度指标。

满意度指标是对预期产出和效果的满意情况的描述,反映服务对象或项目受益人及其他相关群体的认可程度。满意度指标一般适用于直接面向社会主体及公众提供公共服务,以及其他事关群众切身利益的政策和项目,其他政策和项目根据实际情况可不设置满意度指标。对于设置满意度指标的政策和项目,在实施过程中应开展满意度调查或者其他收集满意度反馈的工作。

(3)设置指标值。

绩效指标选定后,应参考相关历史标准、行业标准、计划标准等,科学设定指标值。指标值的设定要在考虑可实现性的基础上,尽量从严、从高设定,以充分发挥绩效目标对预算编制执行的引导约束和控制作用。避免选用难以确定具体指标值、标准不明确或缺乏约束力的指标。

3. 部门和单位预算整体绩效目标编制

(1)明确主管专项资金情况。

结合年度预算编制,对部门主管的专项资金进行梳理,明确专项资金支出方向及具体金额,连同由一体化系统自动导入的批复部门预算资金情况,作为编制部门预算整体绩效目标的重要基础。

(2)梳理主要职责和重点任务。

对部门和单位的年度主要职责及重点任务进行梳理。其中,主要职责是指结合部门"三定"方案确定的预期履职情况;重点任务是指县委、县政府、省市相关部门等交办或下达的工作任务、全县重大工作规划中确定的任务,以及本部门年度工作计划确定的重点任务。在此基础上,将主要职责和重点任务与年度预算相匹配,明确拟投入的资金情况及预期目标。对不涉及预算资金安排的部门职责和任务,可不予体现。

（3）确定年度整体绩效目标。

根据部门和单位的年度主要职责及重点任务、预算资金安排情况,编制年度整体绩效目标,反映计划完成的工作(即产出)以及通过这些工作预期达到的效果(即效益)。表述形式可为"目标1:经开展××工作,实现××效益;目标2:通过完成××工作,达成××的目标,解决××问题"等。年度整体绩效目标应于部门预算和专项资金安排保持高度相关性。

（4）设置年度绩效指标。

对部门和单位的年度整体绩效目标进行细化和分解,分别编制产出指标和效益指标。其中,产出指标细化反映部门和单位年度主要职责及重点任务的预期完成情况、完成时效及产出质量,效益指标细化反映部门和单位预期取得的经济效益、社会效益、生态效益及可持续影响。产出指标和效益指标应聚焦主要职责和重点任务,突出重点,反应特色,量化易评。对涉及专项资金投入的重点任务，可以参考政策和项目的产出指标和效益指标进行设置,但不能简单罗列,需要进一步提炼、归纳、总结。

（5）设置年度绩效指标值。

参考相关标准值、历史值等,科学设定绩效指标的指标值。指标值设定要在考虑可实现性的基础上,尽量从严、从高设定,以充分发挥绩效指标对预算管理的引导约束和控制作用。

4.绩效指标的具体编制

（1）绩效指标名称及解释。

指标名称。指末级指标的名称是对指标含义的简要描述,要求简洁明确、通俗易懂,如"房屋修缮面积""设备更新改造数量""验收合格率"。

指标解释。指标解释是对末级指标名称的概念性定义,反映该指标衡量的具体内容、计算方法和数据口径等。

（2）绩效指标来源。

分行业分领域绩效指标体系。部门和单位应充分利用建成的分行业分领域绩效指标体系，从中选择合适的绩效指标。

政策文件。部门和单位可以从中央、省、市及县委县政府,或本部门和单位在某一个领域明确制定的目标、规划、计划、工作要求中提炼绩效指标。此类指标有明确的统计口径和获取渠道,数据质量和权威性较高。

统计指标。此类指标在部门和单位日常工作中约定俗成、经常使用,并且有统计数据支撑,可以作为绩效指标。

部门和单位管理(考核)指标。中央部门对地方、省委省政府对省直部门的各类考核中明确的考核指标,可以作为绩效指标,如县级教育主管部门组织的对学校、学科、教师的考核评比。

部门和单位工作计划和项目实施方案。县级部门和单位对实施项目的考虑和工作安排,经规范程序履行审批手续后,可以作为绩效指标,如开展调研次数、培训人次。

社会机构评比、新闻媒体报道等。具有社会公信力的非政府组织、公益机构、新闻媒体等对公共服务质量和舆论情况等长期或不定期跟踪调查,形成的具有一定权威性和公认度的指标。

其他参考指标。甄别使用开展重点绩效评价采用的指标、已纳入绩效指标库管理和应用的指标。

如按照上述来源难以获取适宜指标,部门和单位应当根据工作需要科学合理创设指标。比如,可以立足我省管理实际,借鉴外省政府绩效管理、学术研究、管理实践等经验,合理创设相关指标。

(3)绩效指标值设定依据。

绩效指标值通常用数学符号(≥、≤、=、>、<等)加绝对值或相对值表示,设绝对值时应包含计量单位。绩效指标值主要依据或参考计划标准、行业标准、历史标准或行业主管部门认可的其他标准进行设定。

计划标准。主要包括中央、省、市及县委、县政府文件、政府工作报告、各类规划、部门正式文件、有关会议纪要提及的计划或考核要求等。

行业标准。主要包括行业国际标准、行业国家标准、行业县级标准等。

历史标准。可参考近3年绩效指标平均值、上年值、历史极值等。

预算支出标准。主要用于成本指标的取值,不得超出规定的预算支出标准设置目标值。

其他标准。其他参考数值、类似项目的情况等。

(4)绩效指标完成值数据来源。

统计部门统计数据,如GDP、工业增加值、常住人口等数据。

权威机构调查(统计),如基本科学指标数据库(ESI)高校学科排名、科学引文索引(SCI)收录论文数等。

部门和单位统计年鉴,如在校学生数、基本医疗保险参保率。

部门和单位业务统计,如培训人数、网站访问量、完成课题数、满意度。

部门和单位业务记录,如能够反映重大文化活动、演出展览现场的音像、视频资料。

部门和单位业务评判,如项目成效、工作效果等定性指标。

问卷调查报告,如满意度问卷调查。

媒体舆论,如社会满意度。

其他数据来源。

(5)绩效指标完成值取值方式。

根据绩效指标具体数值(情况)的特点、来源等明确取值方式。常用的方式有以下几种。

直接证明法。可以根据外部权威部门出具的数据、鉴证、报告证明获取数据,通常适用于常见的官方统计数据等。

情况统计法。按规定口径对有关数据和情况进行清点、核实、计算、对比、汇总等整理的方法。多数产出指标适用于本方法。

情况说明法。对于定性指标等难以通过量化指标衡量的情况,由部门根据设置绩效目标时明确的绩效指标来源和指标值设定依据,对指标完成的程度、进度、质量等情况进行说明并证明,并依据说明对完成等次进行判断。

问卷调查法。运用统一设计的问卷向被选取的调查对象了解情况或征询意见的调查方法。一般适用于满意度调查等。部门可以根据必要性、成本和实施可行性,明确由实施单位在项目实施过程中开展。

趋势判断法。运用大数据思维,结合项目实施期总体目标,对指标历史数据进行整理、修正、分析,预判项目在全生命周期不同阶段的数据趋势。

第三章
绩效运行监控管理

绩效运行监控是预算绩效管理全流程中的关键环节,贯穿预算执行的全过程,其核心作用在于确保财政资金的使用始终围绕既定绩效目标,及时识别偏差并动态调整,从而实现从"目标设定"到"结果达成"的有效衔接,对于减少县级财政收支矛盾、提升基层治理能力有重要意义。

第一节　绩效运行监控管理的概念及作用

一、绩效运行监控的概念

绩效运行监控是指财政部门和预算部门(单位)依据设定的绩效目标,通过动态跟踪、定期采集、分析绩效运行信息,对财政资金使用情况、项目实施进度、绩效目标完成程度等进行的监控和管理活动。绩效运行监控旨在及时发现并解决预算执行过程中的问题,确保财政资金使用的安全性、合规性和有效性,保障绩效目标的顺利实现。

二、绩效运行监控的重要作用

(一)风险防控,筑牢财政资金安全防线

可以及时发现财政资金使用过程中的潜在风险,如资金挪用、违规支出等问题,提前采取防范措施,保障财政资金的安全,降低财政风险。

实时追踪资金流向,通过信息化平台监控预算执行进度,识别资金支付率

异常(如某季度支付率低于30%),及时核查是否存在项目停滞或挪用问题。例如,在2024年预算执行过程中,某市通过绩效运行监控发现某拆迁安置社区建设项目资金滞留,经核查因征地纠纷停滞,迅速介入协调,避免资金闲置超6个月。

防范政策执行偏差,绩效目标偏离预警。对比实际产出与预设绩效目标(如"新增就业岗位数""水质达标率"),及时动态评估政策落地效果。例如,某扶贫产业项目中期监控显示"贫困户参与率不足30%",及时调整培训方案,最终参与率提升至75%。

化解支付风险。如通过债务偿付能力监测,对政府债券、PPP项目等定期评估偿债准备金充足率,避免违约风险。例如,某县通过绩效运行监控发现某产业园项目年度还本付息压力超过财政承受能力,提前启动债务重组谈判。

(二)优化资源配置,提升资金使用效率

通过实时监控预算执行情况和绩效目标的完成进度,能够及时发现目标执行过程中的偏差,便于及时采取措施进行纠正,确保财政资金的使用符合预期目标,提高财政资金的使用效益。

动态调整预算分配,按效调剂资金。对执行高效的项目追加预算,低效项目压减或终止预算拨款。

避免"一刀切"削减。通过监控区分"执行不力"与"客观困难",精准施策。例如,某环保项目因气候原因进度滞后,经评估后延长执行期而非直接砍预算。

促进跨部门资金整合,识别重复投入。通过数据比对发现多部门同类支出(如乡村振兴中的"厕所革命"资金分散于农业、住建部门),推动资金统筹使用。

案例:某县整合3个部门的农村改厕资金,统一目标与标准,节约成本20%。

支持科学决策,数据驱动政策优化。监控数据为下年度预算编制提供依据。如某县根据监控发现"社区养老床位空置率高达40%",次年调整资金投向居家养老服务站建设。

(三)治理效能提升,倒逼行政能力现代化

为财政部门和预算部门(单位)提供了丰富的实时信息,有助于管理层全面了解财政资金的使用效果和项目进展情况,为后续的预算决策、政策调整等提供科学依据,提高决策的科学性和合理性。

强化部门责任意识,透明化考核压力。定期公开部门绩效目标完成度排名,形成"比学赶超"氛围。某县将监控结果纳入年度考核,部门响应速度提升

50%。

推动精准化服务,民生需求快速响应。通过监控识别公共服务短板(如某片区公交班次不足,投诉激增),及时调整资源配置。

增强公众信任与参与,信息公开强化监督。在线公示项目进展与绩效数据(如"中小学校舍改造完成率"),提升财政透明度。

(四)制度完善,构建闭环管理长效机制

衔接事前与事后环节,验证目标合理性。通过中期监控数据,修正不切实际的目标。

支撑事后评价。积累完整的过程数据(如资金使用明细、阶段性成果),确保评价结果客观可信。

优化监控指标。根据执行痛点调整指标设计。例如,某县发现"资金支付率"无法反映真实进度,新增"实物工作量完成率"指标。

培育绩效管理文化,常态化监控习惯。通过定期报告与反馈机制,强化部门"用钱必问效"的意识。例如,某县将每月绩效监控例会设为固定议程,部门负责人汇报整改措施。

总之,绩效运行监控不仅是技术层面的"纠偏工具",更是推动政府治理现代化的"战略支点",其通过动态追踪、风险预警与资源再配置,确保每一分财政资金都服务于政策目标与公众福祉。对县级财政而言,强化绩效监控能力,短期内可缓解收支矛盾,防范"资金沉睡"与"项目烂尾"。长远来看,培育"结果导向"的行政文化,将为县域高质量发展注入可持续动力。未来,随着大数据、区块链技术的深度应用,监控的实时性、精准性与透明度将进一步提升,推动预算绩效管理从"事后灭火"转向"事前防火+事中调控"的全周期治理模式。

三、绩效运行监控需遵循的工作原则

(一)目标导向原则

监控全程以绩效目标为基准,围绕预设绩效目标(如"新增就业岗位数""水质达标率"),确保资金使用不偏离政策初衷,建立目标-执行对照表,逐项追踪目标完成进度。对偏离目标超过一定程度的项目启动预警机制。例如,2023年农村"四好"公路建设与维护项目,将"农村公路硬化里程"与"村民满意度"设为双目标,月度比对进度,发现某路段因设计不合理导致村民投诉,及时调整方案。

（二）动态跟踪原则

打破"年终算总账"模式，实时反馈与灵活调整，实现"执行即监控、问题即解决"，按季度/月度采集数据，利用信息化平台生成动态监测报告。对异常指标（如资金支付率骤降）启动"24小时响应"机制。

（三）问题导向原则

以解决执行堵点为核心，聚焦短板精准施策，避免"泛泛而谈"。对资金管理类（如沉淀）、执行效率类（如进度滞后）、目标偏差类（如效果不达预期）等问题，坚持分类处理，简单问题立行立改，复杂问题跨部门会商。

（四）协同联动原则

财政牵头、部门主责、多方参与，构建"横向到边、纵向到底"的监控网络。打破部门壁垒，建立联席会议制度，财政、审计、行业主管部门定期互通数据。

（五）激励约束原则

监控结果与预算安排、干部考核硬挂钩，奖惩分明，强化问责，避免"监而不用"。例如，设立"红黑榜"，即通报表扬先进案例，约谈滞后单位负责人；推行"弹性预算"，即对高效项目追加资金，低效项目压减或终止拨款。

（六）依法依规原则

监控过程需符合《中华人民共和国预算法》《政府投资条例》等法规，严守制度红线，杜绝违规操作。制定县级监控操作规范，明确流程、权限与问责标准，对资金挪用、数据造假等行为"零容忍"，移交纪检部门处理。

（七）公开透明原则

通过信息公开，倒逼责任落实，提升政府公信力。定期公开监控报告，重点民生项目进度"扫码可查"。邀请人大代表、政协委员参与现场核查。

在县级实践过程中，应考虑基层工作实际，因地制宜简化流程，例如可以对监测的指标进行合适的精简，选取3—5项核心指标（如资金支付率、受益人口覆盖率），避免基层填报负担过重。采用Excel模板或简易App替代复杂系统，降低技术门槛。对乡镇小微项目下放监控权限，县财政定期抽检。

上述原则并非孤立存在，而是相互支撑的有机整体，目标导向与动态跟踪确保监控方向不偏、节奏可控；问题导向与协同联动破解执行梗阻；激励约束与依法依规构建刚性约束；公开透明增强治理合法性。对县级财政而言，坚持这些原则可有效避免"监控形式化",将绩效运行监控从"合规检查"升级为"治理工具",为破解财政困境、提升服务效能提供坚实保障。

第二节　绩效运行监控工作内容和流程

一、监控工作主要内容

(一)确定监控对象与范围

明确监控对象。监控对象涵盖一般公共预算、政府性基金预算、国有资本经营预算和社会保险基金预算等所有财政资金安排的项目和政策,以及使用财政资金的各级预算部门(单位)。优先监控"三保"(保基本民生、保工资、保运转)资金与高风险项目(如政府债券项目)。

划定监控范围。监控范围不仅包括资金的收支情况,还涉及项目实施过程、政策执行效果、预期绩效目标的达成程度等各个方面,确保对财政资金使用的全周期、全方位监控。

(二)跟踪绩效目标

目标核对。将预算执行过程中的实际情况与预先设定的绩效目标进行逐一核对,检查各项绩效指标的完成进度,如项目的产出数量、质量、时效等是否与目标相符,效益指标是否按计划实现。

偏差分析。对于实际执行情况与绩效目标存在的偏差,深入分析其产生的原因,判断是由于预算编制不合理、项目实施过程中的问题,还是外部环境变化等因素导致。

(三)监控资金使用

预算执行监控。关注财政资金的拨付和使用进度,检查是否按照预算安排及时、足额拨付资金,有无截留、挤占、挪用等问题,确保资金按规定用途使用。

资金合规性审查。对资金使用的合规性进行严格审查,检查资金支出是否符合国家法律法规、财务制度和财经纪律的要求,是否存在超标准、超范围支出等情况,确保财政资金使用的合法性和规范性。

(四)项目实施情况监控

项目进度跟踪。了解项目的实际进展情况,包括项目的开工、建设、竣工等关键环节的时间节点是否按计划推进,有无拖延工期等问题,分析影响项目进度的因素,及时采取措施加以解决。

项目管理检查。对项目的管理情况进行监督检查,包括项目的组织实施、招投标、合同管理、质量管理、安全管理等方面,确保项目管理规范、有序,保障项目的顺利实施。

(五)政策执行效果监控

政策落实情况检查。检查各项财政政策是否得到有效落实,政策执行过程中是否存在打折扣、搞变通等问题,确保政策的执行力度和效果。

政策影响评估。分析政策实施对经济、社会、环境等方面产生的影响,评估政策是否达到了预期的目标,如是否促进了经济增长、社会公平、环境保护,为政策的调整和完善提供依据。

(六)信息收集与分析

数据收集。通过建立监控信息系统、要求预算部门(单位)通过定期报送、实地调研等多种方式,广泛收集与绩效运行相关的数据和信息,包括资金使用数据、项目实施数据、政策执行数据、绩效目标完成数据等。

数据分析。运用科学的数据分析方法,对收集到的数据进行整理、汇总和分析,挖掘数据背后反映的问题和趋势,为监控决策提供有力支持。

(七)风险预警与应对

风险识别。通过对绩效运行监控信息的分析,及时识别财政资金使用和项目实施过程中存在的潜在风险,如资金缺口风险、项目失败风险、政策失效风险。

预警机制建立。设定风险预警指标和阈值,当监控指标达到或接近预警阈值时,及时发出预警信号,提醒相关部门和单位关注并采取措施防范风险。

应对措施制定。针对不同类型的风险,制定相应的风险应对措施,如调整预算安排、优化项目实施方案、完善政策措施,降低风险发生的可能性和影响程度。

(八)监控结果报告与应用

报告编制。定期编制绩效运行监控报告,全面反映财政预算绩效运行的总体情况、存在的问题、风险预警情况等,为财政部门和预算部门(单位)的决策提供参考依据。

结果反馈。将监控结果及时反馈给预算部门(单位),督促其对存在的问题进行整改,同时向政府及相关部门报告,为政府决策和宏观管理提供支持。

应用于预算管理。将绩效运行监控结果作为调整预算安排、优化政策和项目管理的重要依据,对绩效好的项目和政策给予支持,对绩效差的项目和政策减少预算或进行调整,提高财政资金的使用效益。(马海涛,曹堂哲,王红梅,2020)

二、绩效运行监控工作流程

(一)准备阶段

明确监控主体与职责。财政部门负责整体的绩效运行监控工作,制定监控规则和要求等。预算部门(单位)负责本部门及所属单位的绩效运行监控具体实施,明确各部门、各岗位在监控工作中的职责。

确定监控对象和范围。根据财政资金的性质、用途和管理要求,确定纳入绩效运行监控的项目、政策及预算部门(单位)范围,涵盖一般公共预算、政府性基金预算、国有资本经营预算和社会保险基金预算等。

制订监控方案。明确监控的内容、指标、方法、频率和时间安排等。根据不同的监控对象和目标,设计具体的监控指标体系,包括资金指标、产出指标、效益指标和满意度指标等。

(二)数据收集阶段

建立数据收集渠道。搭建监控信息系统平台,实现财政部门与预算部门(单位)之间的数据共享和交互。同时,要求预算部门(单位)定期报送绩效运行数据,也可通过实地调研、问卷调查、现场访谈等方式收集数据。

收集相关资料。收集包括预算批复文件、项目实施方案、资金使用凭证、项目进度报告、政策执行情况说明等与绩效运行相关的资料和数据。

数据审核与整理。对收集到的数据和资料进行审核,确保数据的真实性、准确性和完整性。对审核通过的数据进行分类、汇总和整理,为后续的分析做好准备。

(三)分析与监控阶段

绩效目标对比分析。将实际执行情况与设定的绩效目标进行对比,计算各项绩效指标的完成进度和偏差程度,如实际产出数量与目标产出数量的差异、实际资金支出进度与预算安排进度的差异。

原因分析。针对绩效偏差,从政策环境、资金落实、项目管理、技术水平、人员因素等多方面深入分析产生的原因,判断是客观因素还是主观因素导致。

风险评估。结合绩效偏差和原因分析,评估财政资金使用和项目实施过程中存在的潜在风险,确定风险等级,如高风险、中风险、低风险。

(四)预警与处置阶段

预警发布。根据风险评估结果,当绩效运行情况达到或接近预先设定的预警阈值时,通过监控信息系统、书面通知等方式向预算部门(单位)发出预警信号,明确预警事项和风险程度。

整改要求下达。财政部门或上级主管部门根据预警情况,向相关预算部门(单位)下达整改要求,明确整改内容、整改期限和整改目标等。

整改落实与跟踪。预算部门(单位)收到整改要求后,制定具体的整改措施并组织实施。财政部门和相关监督部门对整改情况进行跟踪检查,确保整改工作落实到位。

(五)报告与应用阶段

监控报告编制。财政部门和预算部门(单位)定期编制绩效运行监控报告,全面反映绩效运行监控的工作情况、绩效目标完成情况、存在的问题及整改情况等内容。

报告审核与报送。监控报告编制完成后,经本部门(单位)相关负责人审核签字后,按照规定的程序和时间要求报送上级财政部门或主管部门。

结果应用。将绩效运行监控结果作为调整预算安排、优化政策和项目管理、实施绩效问责的重要依据。同时,对绩效运行监控中发现的共性问题,研究完善相关管理制度和政策措施。

第三节 绩效运行监控县级实践案例分析

一、绩效运行监控制度建设

为加强县级部门单位预算绩效运行监控,提高预算执行效率和资金使用效益,根据《中共中央、国务院关于全面实施预算绩效管理的意见》及《中共平原县委平原县人民政府关于全面实行预算绩效管理的实施意见》等要求,平原县制定出台了《平原县县级部门单位预算绩效运行监控管理暂行办法》,全县的绩效运行监控工作按照"全面覆盖、突出重点,权责对等、约束有力,结果运用、及时纠偏"的原则,由县财政局统一组织、县级部门单位分级实施。

文件首先明确了各方的职责任务。县财政部门一是负责组织和指导县级部门开展绩效监控工作,研究制定绩效监控管理制度办法;二是根据工作需要开展重点绩效监控;三是督促绩效监控结果应用;四是应当履行的其他绩效监控职责。

县级部门单位是实施预算绩效监控的主体,主要职责包括以下方面。

① 牵头组织部门本级开展预算绩效监控工作。

② 对所属单位的绩效监控情况进行指导和监督,明确工作要求,加强绩效监控结果应用等。

③ 按照要求向县财政部门报送绩效监控结果。

④ 按照"谁支出,谁负责"的原则,预算执行单位(包括部门本级及所属单位,下同)负责开展预算绩效日常监控,并定期对绩效监控信息进行收集、审核、分析、汇总、填报,分析偏离绩效目标的原因,并及时采取纠偏措施。

⑤ 应当履行的其他绩效监控职责。

绩效监控按照实施主体不同,分为县级部门单位绩效监控和县财政重点监控具体情况如下:

① 部门单位绩效监控。县级部门单位在全面实行绩效监控的基础上,对重点政策和重大项目,以及巡视、审计、有关监督检查、重点绩效评价和日常管理中发现问题较多、绩效水平不高、管理薄弱的项目予以重点监控,并逐步开展县级部门及其所属单位整体预算绩效监控。

② 县财政重点监控。县财政部门在部门单位绩效监控的基础上,通过数据信息分析、信息系统预警、综合核查等方式,对县委、县政府确定的重大支出政策和项目进行重点监控。

县级财政预算绩效运行监控主要包括以下内容。

① 绩效目标完成情况。一是预计产出的完成进度及趋势,包括数量、质量、时效、成本等。二是预计效果的实现进度及趋势,包括经济效益、社会效益、生态效益和可持续影响等。三是跟踪服务对象满意度及趋势。重点关注项目执行是否与绩效目标一致、执行效果能否达到预期。

② 预算资金执行情况。预算资金执行情况包括预算资金拨付情况、预算执行单位实际支出情况以及预计结转结余情况。重点关注相关预算管理制度落实情况、项目预算资金使用过程中的无预算开支、超预算开支、挤占挪用预算资金、超标准配置资产等情况。

③ 其他需要实施绩效监控的内容。绩效监控采用目标比较法,以定量分析和定性分析相结合的方式,将绩效实现情况与预期绩效目标进行比较,对目标完

成、预算执行、组织实施、资金管理等情况进行分析评判。

绩效监控工作是全流程的持续性管理,具体采取县级部门单位日常监控和县财政部门定期监控相结合的方式开展。必要时,可对重点政策和重大项目支出具体工作任务开展、发展趋势、实施计划调整等情况进行延伸监控,具体内容包括政府采购、工程招标、监理和验收、信息公示、资产管理以及有关预算资金会计核算等。对科研类项目可暂不开展年度的绩效监控,但应在实施期内结合项目检查等方式强化绩效监控,更加注重项目绩效目标的实现程度和可持续性。

每年9月,县级部门单位要集中对1—8月预算执行情况和绩效目标实现程度开展一次绩效监控汇总分析。具体工作程序如下:

① 收集绩效监控信息。预算执行单位对照批复的绩效目标,以绩效目标执行情况为重点收集绩效监控信息。

② 分析绩效监控信息。预算执行单位在收集上述绩效信息的基础上,对偏离绩效目标的原因进行分析,对全年绩效目标完成情况进行预计,并对预计年底不能完成目标的原因及拟采取的改进措施作出说明。

③ 填报绩效监控情况表。预算执行单位在分析绩效监控信息的基础上填写《项目支出绩效目标执行监控表》并作为年度预算执行完成后绩效评价的依据。

绩效监控结果作为以后年度预算安排和政策制定的参考,各部门单位绩效监控工作情况作为县级部门预算管理绩效综合评价的重要内容。

县级部门单位通过绩效监控信息深入分析预算执行进度慢、绩效水平不高的具体原因,对绩效监控中发现的绩效目标执行偏差和管理漏洞,应及时采取分类处置措施予以纠正。具体情况如下:

① 对于因政策变化、突发事件等客观因素导致预算执行进度缓慢或预计无法实现绩效目标的,要本着实事求是的原则,及时按程序向县财政局对口资金管理股室申请调减预算,并按要求同步调整绩效目标。

② 对于绩效监控中发现严重问题的,如预算执行与绩效目标偏离较大、已经或预计造成重大损失浪费或风险等情况,应暂停项目实施,按照有关程序向县财政局对口资金管理股室申请调减预算并停止拨付资金,及时纠偏止损。已开始执行的政府采购项目应当按照相关程序办理。

县财政部门负责对县级部门单位绩效监控结果进行审核分析,对发现的问题和风险进行研判,督促相关部门单位改进管理,确保预算资金安全有效。对县财政重点监控发现资金使用和项目管理中存在的问题和绩效目标执行中的偏差,及时通报县级部门单位进行整改,对问题严重或整改不到位的暂缓或停止预算拨款。

对绩效监控过程中发现的财政违法行为,依照《中华人民共和国预算法》《财政违法行为处罚处分条例》等有关规定追究责任,报送同级政府和有关部门作为行政问责参考依据,发现重大违纪违法问题线索,及时移送纪检监察机关。

二、绩效运行监控案例

(一)县直部门开展绩效运行监控工作

为落实好预算绩效监控工作,切实通过绩效监控纠正执行偏差、查找薄弱环节、弥补管理"漏洞",平原县某单位积极组织开展了 2024 年预算绩效监控工作。具体开展情况如下。

1. 组织机构设置和职责分工

该单位高度重视绩效运行监控工作,成立了以主要负责人为组长、分管领导为副组长的绩效监控领导小组,负责预算绩效监控工作统筹部署。同时,由财务科牵头组织并负责质量审核把关,各科室协调配合,积极落实绩效监控工作。各科室各司其职,分工协作,共同推进绩效监控工作顺利完成。

2. 工作计划制定及实施情况

(1)绩效监控工作计划。

项目主管部门分析项目实施进度,填写绩效监控表。财务科负责绩效监控表填写完整性、偏离目标原因分析充分性审核。

(2)绩效监控实施。

绩效监控过程中,对照工作计划开展各项工作。财务科对绩效监控表进行严格审核,确保绩效监控表填写准确、规范。形成项目支出绩效目标执行监控汇总表,并总结分析绩效监控过程发现的问题,提出改进措施,撰写部门绩效监控报告。

3. 年度预算执行情况

(1)预算批复情况。

县财政局批复 2024 年项目总预算 197.76 万元,其中,财政拨款 197.76 万元,其他资金 0 万元,结转资金 0 万元,共涉及 6 个项目。

（2）预算执行情况

截至 7 月 31 日，该单位收到当年项目经费 83.39 万元，实际支出 80.92 万元，预算执行率为 97%。2024 年该单位预算执行详细情况见表 3-1。

表 3-1 2024 年度项目预算执行情况表

序号	项目名称	科室/二级单位	实际到位金额（万元）	实际支出金额（万元）	预算执行率（%）
1	法律顾问项目	平原县某单位	0	0	0
2	易地交流领导干部周转住房租赁项目	房地产管理股	0	0	0
3	全县公务用车车载北斗定位系统运行维护项目	公务用车管理股	0	0	0
4	2024 年残保金	平原县某单位	0.67	0.67	100%
5	2024 年公用经费	平原县某单位	8.95	6.48	72.24%
6	2024 年职工工资	平原县某单位	73.77	73.77	100%
	合计		83.39	80.92	97.03%

预算总体执行情况较好，执行率在 50%（含 50%）以上的项目 3 个，占比 50%；执行率小于 50% 的项目 3 个，占比 50%。

4. 绩效目标情况及分析

（1）绩效目标完成情况。

2024 年上半年，该单位严格根据县财政局批复的预算细化各项工作计划，明确项目实施时间安排、工作安排、资金安排，陆续开展了相关工作，除部分指标因客观原因无法完成外，各项目基本按序时进度完成绩效目标，项目的产出已初步体现。

法律顾问项目、县易地交流领导干部周转住房租赁项目、全县公务用车车载北斗定位系统运行维护项目，因财政资金紧张，部分指标可能无法全部完成；其余工作均按照计划正常进行，项目总体执行情况良好。

（2）原因分析。

监控发现，该单位在绩效管理方面存在不足，主要原因如下：一是全面实施预算绩效管理工作的时日尚短，对绩效管理文件精神学习不够深入、内涵把握不够准确；二是预算绩效指标编制不够准确，不能准确评价项目的开展情况，需加强文件学习,科学制定绩效指标;三是财政资金紧张,项目资金支付力度有待加强。

5. 意见和建议

为解决上半年项目工作组织实施及预算执行过程存在的问题,下一步将重点开展以下工作。

一是强化单位对资金绩效实现情况的责任约束,进一步规范资金使用管理。确保不与绩效目标发生偏离,提高资金使用效率。

二是及时将未拨付的资金进行整理,根据实施阶段进行资金支付,为后续绩效目标的有效实现提供有力支撑。

三是强化项目支出监控,加强项目的绩效监控,在有发生偏离的可能性时及时采取措施进行整改,进一步提高资金使用效率。

第四章

绩效评价

在绩效管理流程中,绩效评价处于核心环节,具有承上启下的重要地位,是连接绩效目标设定与绩效结果应用的关键纽带,对整个绩效管理体系的有效运行起着至关重要的作用。

第一节 绩效评价的相关概念

一、绩效评价的概念及 5E 性

绩效评价是指通过系统化的方法和指标,对政府、企业或非营利组织等主体的项目、政策或活动的目标实现程度、资源使用效率及社会经济效益进行全面评估的过程。在公共财政领域,其核心是衡量财政资金的投入是否转化为预期的公共服务成果。

绩效评价的"5E"性通常是指经济性(Economy)、效率性(Efficiency)、效果性(Effectiveness)、公平性(Equity)和环保性(Environment)。

1. 经济性

含义:经济性主要关注的是投入成本的最小化问题,即在确保服务或项目质量的前提下,以最低的成本获取所需的资源,包括人力、物力、财力等。它衡量的是资源获取的成本是否合理,是否存在资源浪费或过度支出的情况。

示例:在一个城市公共交通系统的绩效评价中,经济性可以体现在公交公司采购车辆、燃料、支付员工薪酬等方面的成本控制上。如果能够以合理的价格采购到质量可靠的车辆,通过优化排班等方式减少人力成本浪费,就体现了较好的经济性。

2. 效率性

含义:效率性反映的是投入与产出之间的关系,即如何在给定的资源投入下,实现产出的最大化,或者在给定的产出目标下,使资源投入最小化。它强调的是资源利用的效率和速度,通常用单位时间内完成的工作量、投入产出比等指标来衡量。

示例:在企业生产中,如果某条生产线通过优化生产流程,在同样的时间内生产出了更多的合格产品,或者使用更少的原材料和能源生产出了相同数量的产品,就表明该生产线具有较高的效率性。

3. 效果性

含义:效果性重点关注的是项目或服务的目标达成程度,即是否实现了预期的结果和影响。它不仅仅看产出的数量和速度,更关注产出是否满足了实际需求,是否对目标群体产生了积极的作用,是否解决了实际问题。

示例:对于一个教育扶贫项目,效果性体现在是否真正提高了贫困地区学生的入学率、升学率,是否提升了学生的学习成绩和综合素质,是否帮助贫困家庭实现了教育脱贫等方面。

4. 公平性

含义:公平性主要考量的是绩效评价过程和结果在不同个体、群体或地区之间的公平程度,包括资源分配的公平、机会均等以及结果的公平等方面。确保不同利益相关者在项目或服务中能够得到公平的对待,避免出现歧视或不公平的现象。

示例:在社会保障体系中,公平性要求养老金的发放、医疗救助等福利能够根据不同人群的实际需求和贡献进行合理分配,确保老年人、残疾人、低收入群体等都能得到公平的保障,不会因为地域、身份等因素而受到不公平的待遇。

5. 环保性

含义:环保性侧重于评估项目、活动或组织对环境产生的影响,包括对自然资源的利用、废弃物的排放、生态系统的保护等方面。随着可持续发展理念的深入,环保性越来越成为绩效评价的重要考量因素,要求在追求经济和社会目标的同时,也要注重环境保护和资源的可持续利用。

示例:对于一家化工企业,环保性体现在其生产过程中是否采取了有效的污染防治措施,是否减少了废水、废气、废渣的排放,是否对周边生态环境造成了破坏等。如果企业通过技术改造,实现了污染物的达标排放,并积极开展环境治理和生态修复工作,就体现了较好的环保性。

二、与其他绩效工作的关系

(一)与绩效计划的关系

绩效计划是绩效评价的基础。绩效计划阶段明确了绩效目标、指标和标准,为绩效评价提供了具体的评价依据和参照标准。没有清晰明确的绩效计划,绩效评价就会缺乏客观、统一的尺度,导致评价结果失去准确性和公正性。

绩效评价是对绩效计划的检验。通过绩效评价,可以了解绩效计划的合理性和可行性。如果在评价过程中发现大部分指标难以达成,或者实际执行情况与计划偏差较大,就需要反思绩效计划是否存在问题,如目标设定过高、指标不合理,从而为后续绩效计划的调整和优化提供依据。

(二)与绩效监控的关系

绩效监控为绩效评价提供信息支持。绩效监控是对绩效目标实现过程的动态跟踪和监督,在这个过程中收集到的大量数据和信息,如工作进展情况、目标完成程度、存在的问题,是绩效评价的重要数据来源。绩效监控越全面、准确,绩效评价就越能反映实际情况。

绩效评价是绩效监控的目的和归宿。绩效监控不是目的,而是手段,其最终目的是通过及时发现问题并采取措施加以解决,确保绩效目标的实现,而这一目标是否达成需要通过绩效评价来进行判断。同时,绩效评价结果也能反映出绩效监控工作的成效,为改进绩效监控工作提供参考。

(三)与绩效反馈和改进的关系

绩效评价是绩效反馈的前提。绩效评价结果是绩效反馈的核心内容,只有通过科学、客观的绩效评价,才能准确地向员工或部门反馈其工作表现和成果,让他们了解自己在哪些方面做得好,哪些方面存在不足。没有绩效评价,绩效反馈就会缺乏事实依据,变得空洞无物,无法起到应有的作用。

绩效评价为绩效改进提供方向。绩效评价不仅要发现问题,更重要的是为绩效改进提供方向和建议。通过对评价结果的深入分析,可以找出影响绩效的关键因素,如技能不足、流程不合理、资源配置不当,从而有针对性地制订绩效改进计划,采取相应的改进措施,提高绩效水平。

（四）与激励机制的关系

绩效评价是激励机制的依据。绩效评价结果能够客观地反映员工或部门的工作贡献和业绩，是实施激励措施的重要依据。将绩效评价结果与薪酬调整、奖金发放、晋升晋级、表彰奖励等挂钩，可以使激励机制更加公平、合理、有效，激发员工的工作积极性和创造力。

激励机制强化绩效评价的作用。合理的激励机制能够增强员工对绩效评价的重视程度，促使他们积极参与绩效评价过程，认真对待评价结果。同时，激励机制也能强化绩效评价的导向作用，引导员工朝着组织期望的方向努力工作，提高整体绩效水平。

三、绩效评价的方法

绩效评价的方法有很多种，常见的主要有以下几类。

（一）目标管理法

由上级和下级共同协商确定具体的绩效目标，明确责任和时间要求，在绩效周期结束时，将实际完成情况与目标进行对比评价。该方法的优点是目标明确具体，员工参与度高，能够增强员工的责任感和工作动力，将个人目标与组织目标紧密结合。缺点是目标设定可能存在难度，需要准确把握内外部环境和资源状况，若目标不合理，会影响评价的公正性和激励效果。

（二）关键绩效指标法

关键绩效指标法是通过对组织内部流程的输入端、输出端的关键参数进行设置、取样、计算、分析，衡量流程绩效的一种目标式量化管理指标，是把企业的战略目标分解为可操作的工作目标的工具。该方法的优点是能抓住关键和重点，使评价更具针对性和导向性，有利于企业战略目标的实现，指标相对客观、量化，便于衡量和比较。缺点是指标选取需要科学合理，否则可能导致员工只关注关键指标，忽视其他重要工作，且对于一些难以量化的工作，KPI 设定有一定难度。

（三）平衡计分卡

从财务、客户、内部流程、学习与成长四个维度，将组织的战略目标分解为具体的评价指标，实现对组织绩效的全面评价。该方法的优点是克服了传统绩效评价仅关注财务指标的局限性，实现了财务与非财务、短期与长期、内部与外部等多方面的平衡，有助于组织的可持续发展。缺点是实施难度较大，需要投入较多的时间和资源，指标体系构建复杂，不同维度指标之间的权重确定可能存在

主观性。(李燕,王泽彩,2020)

(四)全方位考核法

由被评价者的上级、同事、下级、客户以及被评价者本人等进行多维度评价,综合各方意见得出评价结果。应用该方法可以使评价主体多元化,能够全面、客观地反映被评价者的工作表现,有助于发现被评价者的优势和不足,促进员工的自我提升,加强团队合作。但是评价成本较高,评价过程较为复杂,可能存在评价者有主观偏见、相互串通等问题,影响评价结果的真实性。

(五)行为锚定等级评价法

将同一职务工作可能发生的各种典型行为进行评分度量,建立一个锚定评分表,以此为依据,对员工工作中的实际行为进行测评记分。优点是评价标准明确具体,行为导向性强,能够有效引导员工的行为,减少评价误差,提高评价的准确性和可靠性。缺点是设计和实施成本较高,需要对工作行为进行详细的分析和界定,且适用范围相对较窄,对一些创新性、灵活性较高的工作不太适用。

(六)强制分布法

将员工的绩效表现按照一定的比例强制分布到不同的绩效等级中,如优秀、良好、合格、不合格。该方法操作简单,能够避免评价者的平均主义倾向,便于区分员工的绩效差异,在一定程度上可以激励员工努力工作。但是该方法缺乏具体的评价标准,可能会导致评价结果不客观,容易挫伤员工的积极性,尤其是在团队整体绩效较高或较低时,强制分布可能会引起员工的不满。

四、绩效评价的内容和分类

(一)按评价对象分类

1.项目支出绩效评价

针对具体的财政支出项目进行评价,如基础设施建设项目、民生保障项目,重点评估项目的投入合理性、过程规范性、产出数量和质量以及效益实现情况。

2.部门整体支出绩效评价

对政府部门或单位的整体预算支出进行评价,涵盖部门的各项收支活动,包括基本支出和项目支出,旨在评估部门在履行职能过程中财政资金的使用效益和管理水平。

3. 政策绩效评价

对政府出台的各项政策进行评价,如税收政策、产业政策等,分析政策的实施效果、对经济社会的影响以及政策目标的达成程度。

(二)按评价时间分类

1. 事前绩效评价

在项目或政策实施前进行,主要对项目或政策的可行性、必要性、绩效目标设定的合理性等进行评估,为预算决策提供依据,避免盲目投资和资源浪费。

2. 事中绩效评价

在项目或政策实施过程中开展,重点关注项目的执行情况、资金使用进度、绩效目标的实现程度等,及时发现问题并进行调整和改进,确保项目或政策顺利实施。

3. 事后绩效评价

在项目或政策实施完成后进行,全面评估项目或政策的实际效果、效益和影响,总结经验教训,为今后类似项目或政策的实施提供参考。

(三)按评价主体分类

1. 内部评价

由财政部门、预算部门或单位自身组织实施绩效评价。评价主体对本部门或单位的情况较为熟悉,能够深入了解预算执行和管理过程中的问题,但可能存在评价不够客观的情况。

2. 外部评价

委托第三方机构,如专业的会计师事务所、咨询公司等进行绩效评价。第三方评价具有独立性和专业性强的特点,能够提供更客观、公正的评价结果,但可能存在对评价对象了解不够深入的问题。

五、绩效评价工作的一般流程

(一)前期准备

1. 明确评价对象和目标

确定需要进行绩效评价的预算项目、部门或政策等,明确评价想要达到的效果,如评估项目是否达到预期产出、是否实现社会效益等。

2. 制定评价计划

规划评价的时间进度、工作步骤、人员安排以及所需资源等，确保评价工作有序进行。

3. 收集基础资料

收集与评价对象相关的政策文件、预算编制资料、项目申报书、以往的评价报告等，为后续评价提供依据。

（二）指标体系构建

1. 选取评价指标

根据评价对象的特点和目标，从投入、过程、产出、效益等维度选取合适的评价指标。如对于教育项目，可能包括师资投入、教学设施建设投入等投入指标，课程安排合理性等过程指标，学生升学率等产出指标，以及对社会人才培养的贡献等效益指标。

2. 确定指标权重

运用层次分析法、德尔菲法等方法，确定各评价指标在整个指标体系中的相对重要性程度，以体现不同指标对评价结果的影响程度。

3. 设定评价标准

明确各指标的评价标准，如优秀、良好、合格、不合格的具体标准值，为评价打分提供依据。

（三）数据收集与分析

通过问卷调查、实地访谈、查阅资料、数据分析等方式，收集与评价指标相关的实际数据，确保数据的真实性、完整性和准确性。对收集到的数据进行整理和分类，运用统计分析方法、成本效益分析方法等，对数据进行深入分析，找出数据背后反映的问题和规律。

（四）绩效评价实施

根据收集到的数据和分析结果，对照评价指标体系和评价标准，对评价对象的绩效进行全面、客观、公正的评价，给出评价得分和评价等级。

将评价过程和结果以书面形式进行总结，形成评价报告，内容包括评价背景、目的、方法、指标体系、评价结果、存在问题及建议等，为决策提供参考依据。

(五)结果应用与反馈

将评价结果与预算安排、政策调整、项目管理等挂钩,对绩效好的项目或部门给予奖励或增加预算支持,对绩效差的进行问责和整改,以提高财政资金的使用效益。

将评价结果反馈给被评价对象,与相关部门和人员进行沟通,听取他们的意见和建议,促进评价工作的改进和完善,同时也帮助被评价对象了解自身存在的问题,以便采取措施加以改进。

第二节 项目绩效评价

在财政工作中,"项目"是预算绩效管理的核心单元,其定义与评价直接关系到财政资金的配置效率与政策目标的实现。

一、财政工作中的"项目"定义及其核心特征

根据《中华人民共和国预算法》及《项目支出绩效评价管理办法》,财政项目指政府"为实现特定政策目标或公共服务,由财政资金支持,具有明确内容、期限和预算的一次性经济活动"。财政项目的核心特征如下。

1. 具有明确的目标

项目具有非常明确和具体的目标,这些目标通常与财政资金的使用效益和社会经济发展需求紧密相关。例如,建设一项基础设施,如修建一条高速公路,目标是改善交通状况,促进区域经济发展;实施一项社会福利计划,如开展贫困家庭救助项目,目标是提高贫困家庭的生活水平,保障社会公平。目标具有独特性,即每个项目都有其独特的性质、内容和要求,与其他项目存在差异。即使是类似的项目,如不同地区的污水处理项目,也会因地理环境、人口规模、污水成分等因素的不同而有所区别。这种独特性要求财政资金安排和管理需要根据项目的具体情况进行精准配置和监管。

2. 具有一次性

项目是一次性的任务,有明确的开始时间和结束时间,不会重复进行。例如,举办一次大型国际会议,从筹备到会议结束,是一个特定时间段内的一次性活动。财政在对这类项目进行支持时,要根据项目的进度和阶段特点,合理安排

资金拨付,确保资金在项目周期内有效使用。

3. 具有系统性

项目是一个由多个相互关联、相互影响的部分组成的系统。以一个科技研发项目为例,它包括项目的前期调研、研发实验、成果转化等多个环节,每个环节都需要不同的专业人员、设备、资金等资源的投入,且各环节之间相互依存。财政部门在进行项目绩效评价时,需要从系统的角度出发,综合考虑项目各个环节的实施情况和资金使用效益。

4. 具有资源约束性

项目的实施需要消耗各种资源,主要体现为财政资金的投入,同时也包括人力、物力等其他资源。财政资金的总量是有限的,因此每个项目都需要在给定的预算范围内实施。例如一个城市的旧城改造项目,财政部门会根据项目的规模、难度等因素,核定并拨付一定数额的资金,项目实施主体需要在这个资金范围内完成项目目标。

5. 具有效益性要求

项目的实施需要追求一定的效益,包括经济效益、社会效益、环境效益等。财政资金投入项目的目的是实现公共利益的最大化。例如,投资建设一个产业园区项目,不仅要考虑项目本身的经济效益(如带动产业发展、增加税收),还要考虑其社会效益(如提供就业机会、促进区域协调发展),以及环境效益(如是否符合环保要求、对生态环境的影响)。

二、项目的分类和特征

(一)按资金性质分类

1. 一般公共预算项目

一般公共预算项目是指通过一般公共预算安排资金来实施的各类项目,涵盖了政府为履行职能、提供公共服务和促进经济社会发展等各个方面所开展的工作和活动,具有以下特点。

(1)资金来源的多元性。

资金主要来源是税收收入,包括增值税、企业所得税、个人所得税、消费税等各种税种,这些税收构成了一般公共预算项目资金的重要基础。非税收入也是重要组成部分,如行政事业性收费,像教育部门的学费、考试费以及自然资源部门的土地出让金;罚没收入,如交通违法罚款、市场监管部门的处罚收入;还有国有资源(资产)有偿使用收入,如国有企业上缴的利润、国有土地出租收入。

(2)用途的公共服务性。

一般公共预算广泛用于一般公共服务领域,保障政府机构的正常运转,如用于政府部门的办公经费、人员工资等支出;用于教育事业的投入,涵盖从学前教育到高等教育的各个阶段,用于学校建设、教师队伍建设、教育科研等;用于社会保障和就业支出,包括养老金发放、失业救济、就业培训等方面的支出,以保障民生、促进社会稳定;用于医疗卫生与计划生育事业的支出,医院建设、医疗设备购置、公共卫生服务等,提高居民健康水平。

(3)预算管理的规范性。

预算编制遵循严格的流程和规范,需要根据经济社会发展规划、政府工作重点和实际需求,进行科学预测和合理安排,通常要经过部门申报、财政审核、政府决策等多个环节。一般公共预算经各级人大审查批准后具有法定效力,必须严格按照批准的预算执行,不得随意调整和变更,确保预算的严肃性和权威性。在预算执行过程中,财政、审计等部门对资金的使用情况、项目进展情况等进行严格监控,以保证资金使用的合规性和效益性。

(4)实施的普遍性与基础性

一般公共预算项目具有普遍性,涉及社会生活的方方面面,覆盖范围广,几乎每个社会成员都能直接或间接受益;侧重于提供基础性的公共产品和服务,如基础设施建设中的道路、桥梁、水利等项目,为经济社会发展提供基本支撑,是保障社会正常运转和经济可持续发展的基础条件。

(5)政策导向性强

一般公共预算项目紧密围绕国家宏观政策和政府工作重点进行安排,体现政府在不同时期的政策意图和发展战略。例如,在推动科技创新战略时,会加大对科研项目的投入;在实施乡村振兴战略过程中,会增加对农村基础设施建设、农业产业发展等方面的项目资金支持,以引导和促进相关领域的发展,实现政策目标。

2.政府性基金预算项目

政府性基金预算项目是指政府在一定期限内向特定对象征收、收取或者以其他方式筹集的资金,专项用于特定公共基础设施建设和公共事业发展的项目,具有以下特点。

(1)征收目的特定。

每一项政府性基金预算项目都有明确而特定的设立目的。例如,国家电影事业发展专项资金是为了促进电影事业的发展,城市基础设施配套费是为了保证城市基础设施建设。

（2）资金来源特定。

资金主要通过向特定对象征收、收取或其他方式筹集。例如,国有土地使用权出让收入是政府以出让等方式配置国有土地使用权取得的全部土地价款,彩票公益金是通过发行彩票筹集的资金。

（3）专款专用。

专款专用是政府性基金预算项目的核心特点。资金必须严格按照规定的用途使用,不得挪作他用。例如,教育费附加收入需专项用于发展教育事业,水利建设基金要专门用于水利设施建设。

（4）以收定支。

政府性基金预算根据基金项目的收入情况和实际支出需要来编制,以收定支,自求平衡,一般不编制赤字预算。若当年基金预算收入不足,可使用以前年度结余资金安排支出;当年收入超出预算支出的,结余资金结转下年继续使用。

（5）收支相对独立。

政府性基金实行收支两条线管理,收入全额上缴国库,支出通过政府性基金预算安排,与一般公共预算相对独立,但在特定情况下,如政府性基金预算结转资金规模较大时,也可按照规定调入一般公共预算统筹使用。

（6）管理规范严格。

从项目的设立、资金的征收,到预算的编制、执行和监督,都有严格的制度规定和管理程序。政府性基金的设立需要依据法律、行政法规和国务院有关规定;预算编制要按照规范流程,经各级人大或其常委会审查批准;在执行过程中,要接受财政、审计等部门的监督。

（7）具有专项政策导向性。

政府可以通过设立和调整政府性基金预算项目,来引导社会资源配置,落实特定的政策目标和产业发展战略。例如,为了推动新能源产业发展,设立相关的新能源发展基金,支持新能源项目的研发、建设。

3. 债券项目

债券项目通常是指政府或企业等主体为了筹集资金用于特定项目建设或其他用途,通过发行债券的方式来融资,并将所筹资金专款专用的项目。按照发行的主体不同,债券项目可分为政府债券项目和企业债券项目。

（1）政府债券项目。

政府债券项目是政府为了实现特定的经济社会发展目标,通过发行债券筹集资金并投入相关项目中的活动。根据发行主体的层级不同,又可分为中央政府债券项目和地方政府债券项目。中央政府债券通常称为国债,地方政府债券则是地方政府为了弥补财政资金缺口、进行基础设施建设等而发行的债券。政府债券还可以按偿还来源分类,可分为一般债券项目和专项债券项目。一般债券用于没有收益的公益性项目,以一般公共预算收入还本付息;专项债券对应有一定收益的公益性项目,以项目对应的政府性基金收入或专项收入作为还本付息的资金来源。政府债券项目具有以下特点。

① 信用度高。政府债券以政府的信用为担保,尤其是国债,被视为无风险或低风险的投资工具,投资者的本金和收益相对有较高保障。

② 资金用途特定。政府债券一般用于国家或地方的重大基础设施建设项目、公共服务项目等,如铁路、公路、桥梁建设以及教育、医疗、保障性住房等领域,对促进经济增长和社会发展具有重要意义。

③ 规模较大。政府债券的发行规模通常较大,能够筹集大量资金,以满足大型项目的资金需求。这是因为政府承担的项目往往涉及面广、投资额高,需要巨额资金支持。

④ 政策导向性强。政府通过债券项目的实施,可以贯彻国家的宏观经济政策和区域发展战略,引导社会资源流向重点领域和薄弱环节,促进经济结构调整和协调发展。

⑤ 具有一定的调控性。政府可以根据经济形势和财政政策的需要,灵活调整债券的发行规模、期限和利率等,以实现宏观经济调控的目标,如在经济低迷时,加大债券发行力度,刺激经济增长。

（2）企业债券项目。

企业债券项目是企业依照法定程序发行,约定在一定期限内还本付息,将所筹资金用于特定项目建设、技术改造、扩大生产规模等的融资活动,具有以下特点。

融资自主性相对较高。企业在符合相关法律法规和监管要求的前提下,可根据自身的经营状况、项目资金需求和市场情况等,自主决定债券的发行规模、期限、利率等要素,具有一定的灵活性。

风险与收益并存。与政府债券相比,企业债券的信用风险相对较高,因为企业的经营状况和偿债能力受到市场竞争、行业周期、经营管理等多种因素的影响。但同时,为了吸引投资者,企业债券通常会提供相对较高的收益率,以补偿投资者承担的风险。

项目针对性强。企业发行债券所筹集的资金一般明确用于特定的项目,如企业的新建生产线、研发创新项目、并购重组。这些项目与企业的战略发展密切相关,旨在提高企业的经济效益和市场竞争力。

受市场因素影响大。企业债券的发行和交易受市场供求关系、利率水平、宏观经济形势等因素的影响较大。在市场利率上升、经济形势不稳定或行业发展前景不佳时,企业债券的发行难度可能增加,融资成本上升;反之,在市场环境较好时,企业债券的发行可能相对顺利,融资成本也相对较低。

信息披露要求严格。为了保护投资者的利益,企业需要按照规定进行充分的信息披露,包括企业的财务状况、经营成果、项目进展情况、重大事项等,以便投资者能够全面了解企业和项目的情况,作出合理的投资决策。

4. 其他资金项目

国家对外借款或者担保所筹措资金的项目,例如,政府从国际金融组织(如世界银行、亚洲开发银行)或外国政府取得的借款,用于国内的基础设施建设、环境保护、扶贫开发等项目。此类项目通常需要按照借款协议的规定,按时足额偿还本息,并且在项目实施过程中,要接受借款方的监督和检查。

社会捐赠资金项目,包括接受外国政府、组织、外商或者个人捐赠并委托政府部门实施管理的公益性建设项目,如捐赠用于教育扶贫的学校建设、医疗救助的设备购置等项目。这类项目的资金使用要遵循捐赠者的意愿和相关法律法规,确保捐赠资金用于指定的公益事业,同时要做好信息公开和反馈工作,向捐赠者报告资金使用情况和项目实施效果。

各类金融机构和其他经济组织融资资金的项目,指政府通过与金融机构合作,采用银行贷款、融资租赁、产业基金等方式筹集资金,用于城市轨道交通、污水处理、能源开发等项目。在融资过程中,政府需要根据项目的特点和融资成本等因素,选择合适的融资方式并承担相应的还款责任或风险。

(二)按政策领域分类

项目按照政策领域可以分为基本建设类、公共服务类、产业扶持类。

1. 基本建设类项目

基本建设类项目是指利用国家财政性资金、自有资金、国内外贷款等,以扩大生产能力或新增工程效益为主要目的,进行的新建、扩建、改建、迁建、恢复工程及与之相关的工作,包括建筑安装工程、设备购置以及其他基本建设工作。具有以下特点。

（1）投资规模大。

一般需要投入大量的资金,涉及土地购置、建筑施工、设备采购等多个环节,少则数百万,多则数十亿甚至上百亿元。

（2）建设周期长。

从项目的规划、设计、施工到竣工验收,通常需要较长时间,短则几个月,长则数年甚至十几年。

（3）关联性强。

项目与上下游多个产业密切相关,如建筑材料、工程机械、电力等行业,能够带动相关产业的发展。

（4）基础性和先导性。基本建设类项目为其他产业和社会活动提供必要的物质条件和基础设施支持,是经济社会发展的基础和前提,如交通、能源等项目对区域经济发展具有重要的先导作用。

2. 公共服务类项目

公共服务类项目是指政府为了满足社会公众在教育、医疗、文化、社会保障、环境保护等公共领域的需求,提供公共产品和服务而实施的项目,具有以下特点。

（1）公益性。

以社会效益为主要目标,旨在提高社会公众的生活质量和福利水平,保障社会公平正义,一般不以盈利为目的。

（2）均等化要求。

要尽可能地确保全体社会成员都能公平地享受到公共服务,缩小城乡、区域和不同群体之间的公共服务差距。

（3）资金来源以财政为主。

主要依靠政府财政资金投入,也可通过社会捐赠、政府和社会资本合作（PPP）等方式筹集部分资金。

（4）需求刚性。

社会公众对公共服务的需求是持续且刚性的,如教育、医疗等服务,无论经济形势如何,都不可或缺。

（5）服务对象广泛。

面向全体社会成员,包括不同年龄、性别、职业、收入水平的人群,具有广泛的社会覆盖面。

3. 产业扶持类项目

产业扶持类项目是政府为了促进特定产业的发展,增强产业竞争力,通过政策引导、资金支持、技术创新等手段,对相关产业的企业、项目或环节进行扶持的活动,具有以下特点。

（1）政策导向性强。

紧密围绕国家或地方的产业发展战略和政策目标,旨在培育新兴产业、推动传统产业升级、优化产业结构等。

（2）针对性明确。

针对特定的产业领域或特定类型的企业,如对高新技术产业、战略性新兴产业、农业产业化龙头企业等进行扶持,以解决产业发展中的关键问题和瓶颈。

（3）扶持方式多样。

扶持方式包括财政补贴、税收优惠、贷款贴息、产业投资基金、项目审批绿色通道等多种方式,根据不同产业和项目的特点,灵活组合使用。

（4）注重创新和带动性。

鼓励企业进行技术创新、管理创新和商业模式创新,通过扶持龙头企业或重点项目,带动产业链上下游企业协同发展,形成产业集群和产业生态。

（5）具有阶段性和动态性。

随着产业发展阶段和市场环境的变化,扶持政策和项目重点也会相应调整,以适应产业发展的新需求和新趋势。

（三）按照管理层次分类

财政项目按照管理层级分为中央转移支付项目和地方自主立项项目。

1. 中央转移支付项目

中央转移支付项目是指中央政府为了实现特定的宏观政策目标,将一部分财政资金通过一定的形式和渠道转移给地方政府,由地方政府按照中央规定的用途和要求实施的财政项目,主要包括一般性转移支付和专项转移支付。一般性转移支付旨在均衡地区间财力差距,增强地方政府提供基本公共服务的能力;专项转移支付则是为了实现特定的政策目标,对地方的特定事项进行补助。该项目具有以下特点。

（1）宏观调控性强。

中央转移支付项目服务于国家整体的宏观经济社会发展战略和政策目标,

如促进区域协调发展、推动基本公共服务均等化、支持重点领域改革,通过资金的转移分配来调节地区间的经济社会发展不平衡。

（2）政策导向明确。

中央转移支付项目通常与中央的重大政策部署紧密相关,如在环保、扶贫、教育公平等领域,引导地方政府按照中央的政策方向开展工作,确保国家政策在地方得到有效落实。

（3）资金规模较大。

中央转移支付项目涉及全国范围内的资金分配和项目支持,总体资金规模庞大,能够为地方的重大项目和重点工作提供有力的资金保障。

（4）规范性和程序性严格。

中央转移支付项目有较为规范的资金分配办法和管理程序,从项目的申报、审核、资金下达,到项目实施和监督检查,都有明确的规定和流程,以确保资金使用的安全、规范和有效。

（5）体现公平与效率原则。

中央转移支付项目在资金分配上既考虑地区间的公平性,缩小地区财力差距,又注重资金使用的效率,鼓励地方政府合理使用资金,提高财政资金的效益。

2. 地方自主立项项目

地方自主立项项目是指地方政府根据本地区的经济社会发展需求、财政状况和实际情况,自主确定并组织实施的财政项目。这些项目通常是在地方政府的事权范围内,为解决本地区特有的问题、满足地方特定的公共需求而设立的,具有以下特点。

（1）因地制宜。

地方自主立项项目紧密结合当地的资源禀赋、产业特色、社会需求等实际情况,能够更好地满足地方居民的具体需求,解决地方实际问题,如一些具有地方文化特色的旅游开发项目、针对当地特定产业的扶持项目。

（2）决策自主性高。

地方政府在项目的规划、设计、立项、实施等方面具有较高的自主性和灵活性,可以根据当地的发展战略和实际情况,及时调整和确定项目内容和实施方式。

（3）项目规模和周期灵活。

项目规模可大可小,根据地方财政能力和实际需求确定,小到社区的环境整治项目,大到城市的重大基础设施建设项目。项目周期也相对灵活,如短则几个月的小型民生项目,长则数年的大型产业发展项目。

（4）注重短期和局部效益。

地方自主立项项目在注重社会效益的同时,更侧重对当地经济社会发展的短期拉动和局部改善,如促进地方就业、增加地方财政收入、改善局部地区的基础设施,对提升当地居民的生活质量和推动地方经济发展具有直接作用。

（5）与地方财政关联紧密。

项目资金主要来源于地方财政收入,包括地方一般公共预算收入、政府性基金收入等,项目的实施效果和资金使用情况直接影响地方财政的收支平衡和财政可持续性。

三、项目绩效评价的工作流程

项目绩效评价工作通常包括前期准备、评价实施、评价结果形成与应用等阶段,具体流程如下。

（一）前期准备阶段

1. 确定评价对象和目标

明确要进行绩效评价的具体项目,根据项目的性质、特点和相关要求,确定评价的目标,如评估项目的经济效益、社会效益、环境效益。

2. 成立评价工作组

由财政部门、项目主管部门、专业机构等相关人员组成评价工作组,明确各成员的职责和分工。工作组成员应具备相关的专业知识和经验,包括财务管理、项目管理、行业技术等方面的专业人员。

3. 制定评价方案

（1）确定评价指标体系,根据评价目标和项目特点,选取合适的定量和定性指标,如项目投入指标、产出指标、效益指标和满意度指标。

（2）明确评价标准,如计划标准、行业标准、历史标准,为评价指标设定具体的衡量尺度。

（3）选择评价方法,如成本效益分析法、比较法、因素分析法、公众评判法。

（4）安排评价时间和工作进度,确定各阶段的时间节点和任务。

4. 收集基础资料

（1）收集项目相关的法律法规、政策文件、项目申报书、可行性研究报告、项目预算批复等文件资料,了解项目的背景和依据。

（2）收集项目实施过程中的相关资料,如项目进度报告、资金使用情况报告、工程验收报告,掌握项目的实施情况。

（3）收集与项目相关的统计数据、财务数据、监测数据等,为评价提供数据支持。

（二）评价实施阶段

1. 资料审核

对收集到的基础资料进行审核,检查资料的完整性、真实性和准确性。

2. 现场勘查和调研

评价人员到项目实施现场进行实地勘查,查看项目的实施情况、项目成果的实际状态等。通过问卷调查、访谈、座谈会等方式,向项目相关方(如项目实施单位、受益群体、相关部门)了解项目的实施效果、存在的问题和意见建议等。

3. 数据分析和评价

根据收集到的数据和资料,运用选定的评价方法和评价指标体系,对项目的绩效进行定量和定性分析。计算各项评价指标的得分或绩效值,对项目的投入、过程、产出和效益等方面进行全面评价,形成初步评价结论。

（三）评价结果形成与应用阶段

1. 撰写评价报告

评价工作组根据评价分析结果,撰写详细的绩效评价报告。报告内容包括项目基本情况、评价工作开展情况、评价指标分析、评价结论、存在的问题及建议等。

2. 审核与报送

评价报告完成后,由评价工作组内部进行审核,确保报告内容客观、准确、完整。审核通过后,按照规定的程序和要求,将评价报告报送相关部门和单位,如财政部门、项目主管部门。

3. 结果反馈与公开

将评价结果反馈给项目实施单位,使其了解项目绩效状况,明确改进方向。同时,按照信息公开的要求,将评价结果在一定范围内公开,接受社会监督。

4. 结果应用

财政部门和项目主管部门根据评价结果,调整项目预算安排,对绩效好的项目给予更多的资金支持,对绩效差的项目减少资金安排或暂停项目实施。将评价结果作为项目实施单位绩效考核、责任追究的重要依据,与单位和个人的奖惩挂钩。针对评价中发现的问题,提出改进措施和建议,督促项目实施单位整改,完善项目管理,提高项目绩效。同时,总结经验教训,为今后同类项目的决策、实施和管理提供参考。

四、项目绩效评价的县级实践案例及分析

以 2024 年平原县城乡供水管网改造提升及智慧供水工程项目的绩效评价工作为例,详细介绍项目绩效评价的县级实践。

(一)基本情况

1. 项目概况

(1)项目背景。

平原县位于京、津、济都市圈和环渤海经济圈的黄金地带,南依泰山,北望京津,距德州市 30 千米。平原县地处鲁西北黄河冲积平原,南北长 39 千米,东西宽 48 千米,总面积 1 047 平方千米。平原县辖 8 镇 2 乡 2 个街道办事处和 1 个省级经济开发区,867 个农村社区,县域人口近期达到 49 万人,其中城镇人口 25 万人;远期达到 55 万人,其中城镇人口 37 万人。

2018 年平原县县政府确定了今后一个时期平原县经济和社会发展的总体思路:以"城乡一体、工贸发达、文明富庶、环境优美、开放有序、充满活力"为战略目标,优化发展环境,促进社会和谐进步,打造"鲁北强县、宜居平原",推动经济和社会各项事业又好又快发展,把平原县建设成为生态环境优美、经济发达的鲁西北地区宜居城市。

依照《平原县县城总体规划 2018—2035》,规划期末,平原县将建成 1 个中心城区、3 个中心镇、6 个一般乡镇、49 个新型农村社区,并按上级要求按规划完成工业区综合整治建设,城镇化水平达到 67%,城市供水普及率、燃气普及率、生活污水处理率达到 100%,并落实上级部门下达的在重要地段和管线密集区完成地下综合管廊建设工程的要求。面对城区人口的增加和城镇化率的增长,平原县急需加快水、电、路、通信等城乡一体化基础设施建设。

另外,平原县在水源方面,缺少水资源系统性规划,对再生水等非常规水源利用率不高,存在大量自备水系统,给公共供水水质安全带来威胁,存在水源污染隐患。水厂之间联络管少,不便于供水调度;高峰期部分区域水量及水压难以

满足用户需求,管网供水压力较低,导致二次供水设备较多,主要分布在管网末梢区域,产权归用户或开发商所有,用户自己管理,非专业管理,难以做到按时清洗消毒,水质保障率较低,二次供水的二次污染问题较突出。

平原县城区供水管多为铸铁管道,铺设时间均为 2000 年以前;农村供水管为 PE 管线,铺设时间集中在 2008 年至 2012 年。供水管网因老化、年久失修,漏损严重,并且供水管道布置不合理,造成生产、生活用水量不足,各级生活小区配水管网,各供水系统相互独立,水务系统自动化、智慧化程度有待进一步加强。管径与远期需求不匹配,管线建设缺乏规划指导。

为适应城市的发展,保障平原县城市发展和广大城区及周边乡村居民正常生活及企事业单位合理用水,平原县县政府决定在平原县县城拟建的外环线铺设市政供水主管网,同时改造老城区和周边乡村供水一体化支管网。

(2)项目主要内容。

项目名称:平原县城乡供水管网改造提升及智慧供水工程。

项目单位:平原县 A 公司。

项目地点:平原县境内。

项目主要内容:对平原县老旧城乡供水管网改造提升约 60 千米,改造约 7 万户终端管网,并配套供水智慧数据平台科技基础设施及道路恢复工程,保证饮水安全。新增相家河水库至城区水厂供水管线 1 道,长度约 16 千米;新增相家河水库至恩城水厂管道 1 道,长度约 8.8 千米;实施水库泵站提升改造等工程,增加水厂水源保证,解决水厂供水不足问题。

2023 年完成 27 个老旧小区供水管网改造、龙门水库泵站改造提升工程,城乡供水管网改造 45 千米,农村供水管网改造 116 个村,显著改善人民生活水平,显著提高城市基础设施水平,长期提升城区承载力。

(3)项目组织实施情况。

2023 年 1 月,通过竞争性磋商采购方式确定中标单位为 B 公司、C 公司。

2023 年 1 月,与 B 公司签订平原县龙门水库出库泵站建设项目、龙门水库出库泵站设备安装及附属配套设施建设项目建设工程施工合同。

2023 年 2 月,与 C 公司签订北环路、复兴路,东二环、仁和路,民生路、南园路自来水管网提升改造工程建设工程施工合同;与 B 公司签订平原县老旧城乡供水管网改造提升工程(一期)(二期)(三期)(四期)建设工程施工合同、平原县城乡管网提升改造工程。

由县水利局牵头负责加快震后供水管网建设工作,统筹债券资金使用;A 公司作为该项工作的建设单位,工程完工后,组织县相关单位共同做好工程验收,D 公司作为监理单位承担该供水管网建设工作,尽快进场、筹备物资、启动施工,县水利局全程跟进项目建设做好技术指导、质量监督,保障质量安全。

2023 年平原县城乡供水管网改造提升及智慧供水工程涉及的 10 个具体建设工程项目已按合同约定建设完毕,并完成竣工验收,部分项目尚未办理竣工决算。(详见表 4-1)

表 4-1 工程项目情况表

序号	项目名称	建设单位	合同金额(万元)	完工情况	竣工结算金额(元)
1	平原县龙门水库出库泵站建设项目	B 公司	389.91	已完工	未结算
2	平原县龙门水库出库泵站设备安装及附属配套设施建设项目		385.11		未结算
3	平原县供水项目——北环路、复兴路自来水管网提升改造工程	C 公司	351.30	已完工	345.78
4	平原县供水项目——东二环、仁和路自来水管网提升改造工程		373.50		373.78
5	平原县供水项目——民生路、南园路自来水管网提升改造工程		299.40		298.69
6	平原县老旧城乡供水管网改造提升工程(一期)	B 公司	297.57	已完工	未结算
7	平原县老旧城乡供水管网改造提升工程(二期)		358.76		未结算
8	平原县老旧城乡供水管网改造提升工程(三期)		363.32	已完工	未结算
9	平原县老旧城乡供水管网改造提升工程(四期)		200.33		214.82
10	平原县城乡管网提升改造工程		7400.00	已完工	未结算
合计			104 192 059.22		

2.项目绩效目标

（1）总体绩效目标。

2022年10月至2025年12月对平原县老旧城乡供水管网改造提升约60千米,改造约7万户终端管网,并配套供水智慧数据平台科技基础设施及道路恢复工程,保证饮水安全。新增相家河水库至城区水厂供水管线1道,长度约16千米;新增相家河水库至恩城水厂管道1道,长度约8.8千米;实施水库泵站提升改造等工程,增加水厂水源保证,解决水厂供水不足问题。

（2）2023年阶段性绩效目标。

2023年完成27个老旧小区供水管网改造,城乡供水管网改造45千米,农村供水管网改造116个村,显著改善人民生活水平,显著提高城市基础设施水平,长期提升城区承载力。

（二）绩效评价工作开展情况

1.绩效评价目的、对象和范围

（1）绩效评价目的。

本次对平原县城乡供水管网改造提升及智慧供水工程项目资金进行绩效评价,旨在通过科学、公正的评价方式了解项目资金使用和项目管理情况,分析该项目在社会效益、经济效益、服务对象满意度等方面的效果,及时总结经验,分析存在问题的原因,采取切实有效的措施进一步改进和加强资金管理,进一步提高资金管理水平和使用绩效,有效防范政府风险,更好地保障该项目按时保质保量完成。

（2）绩效评价对象。

平原县城乡供水管网改造提升及智慧供水工程项目资金9 600万元。

（3）绩效评价范围。

围绕决策、过程、产出及效益评价指标体系,对2023年平原县城乡供水管网改造提升及智慧供水工程项目的决策情况、资金管理和使用情况、相关管理制度办法的健全性及执行情况、项目产出情况、取得的效益情况以及服务对象的满意度情况进行绩效评价。

2.绩效评价原则、方法和指标体系

（1）评价原则和方法。

本次评价本着问题导向、系统评价、科学客观、讲求绩效的原则,采用全面评价和重点评价相结合、现场评价和非现场评价相结合、定性分析与定量分析相结合的方式,运用案卷研究、专家咨询、座谈访谈、问卷调查等方法,对项目决策、过程、产出、效益四方面进行综合评价。

（2）评价指标体系（详见"评价指标分析"部分）。

本次评价指标体系结合《地方政府债券项目支出绩效评价指标体系框架》的有关要求设置,包括决策、过程、产出及效益4个一级指标,21个二级指标和39个三级指标,满分为100分。一是决策（16分）,主要评价项目立项、前期工作执行、资金安排、绩效目标和资金投入情况。二是过程（24分）,主要评价纳入政府性基金预算管理、资金到位和支出、资金使用、预测的合理性、预期收益与资金规模匹配、资金期限与项目期限匹配、信息公开、管理制度、档案管理情况。三是产出（32分）,主要评价产出数量、产出质量、产出时效、产出成本、资金闲置情况。四是效益（28分）,主要评价项目社会效益、经济效益、生态效益、可持续影响和满意度实现情况。

绩效评价等级:评价结果分为优、良、中、差4个档次,根据评价分值,确定评价对象对应的档次,具体如下。

① 评价得分大于等于90分的,评价为"优"。

② 评价得分大于等于80分,小于90分的,评价为"良"。

③ 评价得分大于等于60分,小于80分的,评价为"中"。

④ 评价得分小于60分的,评价为"差"。

原则上,对评价等级为优、良的,根据情况予以支持;对评价等级为中、差的,要完善政策、改进管理情况核减预算。

3. 绩效评价工作过程

（1）评价准备阶段。

根据2023年平原县城乡供水管网改造提升及智慧供水工程项目主要内容和地方债券资金特点,组建由绩效评价专家、项目负责人、项目经理等5人共同组成的评价工作组,通过与A公司财务科室和业务科室座谈,充分了解项目背景、目的、实施等情况,明确评价思路,细化评价指标体系及评分标准。

（2）评价实施阶段。

按照既定评价工作安排,通过与调研单位现场座谈,了解项目组织管理、实施成效、资金到位及使用等情况;通过查阅资料,核实调研单位任务完成情况及债券资金使用规范性。具体实施工作如下。

① 收集评价资料。

评价工作组根据评价工作的需要和要求,向项目单位收集绩效评价资料,主要包括：

    a. 被评价单位基本概况，如项目立项依据、立项请示及批复。

    b. 项目实施方案、管理措施及组织实施情况。

    c. 绩效目标设定情况，与绩效评价相关的计划标准等。

    d. 与项目有关的资金收支情况。

    e. 其他必要的相关资料等。

　②审核评价资料。

评价小组对收集的评价资料进行分类整理，对所收集的资料进行核实和全面分析，要求被评价单位对缺失的资料及时补充，对存在疑问的重要基础资料进行解释说明。

通过基础资料的审核，了解被评价对象的基本情况，分析被评价对象可能存在的问题，根据工作需要确定要进行实地勘查的项目，为必要的现场勘查做好准备。

　③现场勘查。

评价小组指派评价人员深入被评价项目现场对项目实施情况进行实地考察验证。

　④综合分析评价。

    a. 评价工作组根据所收集和审核的基础资料，结合现场勘查的有关情况，整理出绩效评价所需的基本资料和数据。

    b. 评价工作组按照评价工作方案确定的评价指标、评价标准和评价方法，根据评价基础数据，对评价对象的绩效情况进行全面的定量、定性分析和综合评价，进行量化打分，形成评价初步结论。

    c. 评价工作组将初步评价结论和有关说明送达被评价单位并征求意见，同时将评价结论、调查结果等送达评价组织机构审阅。

（3）报告撰写阶段。

评价工作组在梳理、分析调研资料和相关数据以及邀请相关研究领域专家研讨基础上，结合文献研究，根据平原县财政局反馈意见修订完善评价结论，撰写资金绩效评价报告。

（三）综合评价情况及评价结论

2023年平原县城乡供水管网改造提升及智慧供水工程项目综合评价得分90.28分，评价等级为"优"。（具体得分情况见表4-2）

表 4-2 综合评价得分情况表

一级指标	分值	得分	得分率
项目决策	16	14.50	90.63%
项目过程	24	19.99	83.29%
项目产出	32	29.39	91.84%
项目效益	28	26.40	94.29%
合计	100	90.28	90.28%

2023 年平原县城乡供水管网改造提升及智慧供水工程项目立项依据充分、绩效目标清晰、细化、可衡量,债券资金安排与资金支持领域、方向相匹配,资金到位使用及时,项目实施效果显著,得到周边群众的普遍认同。但存在立项程序、前期工作执行、资金拨付审批等执行不规范,项目收入预测依据不充分,项目产出低于年初设定目标的情况。

(四)绩效评价指标分析

1. 项目决策情况

项目决策指标主要考核该项目立项、前期工作执行、资金安排、绩效目标、资金投入情况,该指标分值 16 分,得分 14.50 分,得分率 90.63%。下设 5 个二级指标,10 个三级指标。(具体得分情况见表 4-3)

表 4-3 决策指标设定及评分情况表

一级指标	二级指标	三级指标	分值	得分
项目决策	项目立项	立项依据充分性	2	2
		立项程序规范性	2	1
	前期工作执行情况	前期准备工作充分性	1	1
		前期开展工作规范性	1	0.50
	资金安排	与资金支持领域、方向的匹配性	1	1
		申请额度与实际需要的匹配性	1	1
	绩效目标	绩效目标合理性	2	2
		绩效目标明确性	2	2
	资金投入	预算编制科学性	2	2
		资金分配合理性	2	2
合计			16	14.50

（1）项目立项。

① 立项依据充分性。

该指标分值 2 分，评价得分 2 分。

平原县城乡供水管网改造提升及智慧供水工程项目根据《山东省平原县县城总体规划（2018—2035）》及平原县老城区市政供水管网及城区周边乡村供水一体化亟需并网、部分城区供水支干管网因老化、年久失修，结构不合理需要改造等城乡供水现状进行立项，立项符合国家法律法规、国民经济发展规划和相关政策；符合行业发展规划和政策要求；与部门职责范围相符，属于部门履职所需；属于公共财政支持范围，符合中央、地方事权支出责任划分原则；不存在与相关部门同类项目或部门内部相关项目重复建设的问题。本项得 2 分。

② 立项程序规范性。

该指标分值 2 分，评价得分 1 分。

根据青岛理工大学建筑设计研究院出具的《平原县城乡供水管网改造提升及智慧供水工程项目建议书》，A 公司向平原县行政审批局上报《平原县城乡供水管网改造提升及智慧供水工程申请报告》，提出立项申请。平原县行政审批服务局出具《关于 A 公司平原县城乡供水管网改造提升及智慧供水工程申请报告审核的批复》，同意项目立项，由 A 公司实施该项目。后完成项目备案登记。

平原县城乡供水管网改造提升及智慧供水工程项目，严格按照规定的程序申请设立，审批文件、材料符合相关要求，事前经过必要的可行性研究、风险评估、绩效评价，但是未经过专家论证、集体决策，扣减 1 分，本项得 1 分。

（2）前期工作执行情况。

① 前期准备工作充分性。

该指标分值 1 分，评价得分 1 分。

平原县城乡供水管网改造提升及智慧供水工程项目勘察、设计、规划许可等前期工作均已完成，建设工程规划许可证取得时间滞后，但是并未影响项目开工及施工进度。本项得 1 分。

② 前期开展工作规范性。

该指标分值 1 分，评价得分 0.5 分。

平原县城乡供水管网改造提升及智慧供水工程项目，勘察、设计采用招标方式确定中标单位，符合招投标的相关规定。扣减 0.5 分。本项得 0.5 分。

（3）资金安排。

① 与资金支持领域、方向的匹配性。

该指标分值 1 分，评价得分 1 分。

根据财政部文件精神，该项目属于市政和产业园区基础设施-市政基础设施-供水领域，属于国家规定的资金支持领域和方向。本项得 1 分。

② 申请额度与实际需要的匹配性。

该指标分值 1 分，评价得分 1 分。

2023 年平原县城乡供水管网改造提升及智慧供水工程项目涉及资金 9 600万元，由 A 会计师事务所（特殊普通合伙企业）、B 会计师事务所（普通合伙企业）分别出具了项目收益与融资平衡专项评价报告，由 C 律师事务所出具了法律意见书。预算编制经过科学论证，预算内容与项目内容相匹配，测算依据充分，预算确定的项目投资额与工作任务相匹配，本项得 1 分。

（4）绩效目标。

① 绩效目标合理性。

该指标分值 2 分，评价得分 2 分。

该项目根据项目建议书、勘察设计及实施方案，设定了总体绩效目标和2023 年阶段绩效目标；设定的绩效目标与实际工作内容相关，设定的绩效目标与预算确定的项目投资额或资金量相匹配。本项得 2 分。

② 绩效目标明确性。

该指标分值 2 分，评价得分 2 分。

平原县城乡供水管网改造提升及智慧供水工程项目，根据改造老旧小区的数量、农村供水管网改造涉及的村庄及铺设供水管网情况，编制了 2023 年项目支出绩效目标表，将 2023 年阶段性绩效目标细化分解为具体的产出、效益、满意度指标，并通过清晰、可衡量的指标值予以体现，与项目目标任务相对应。本项得 2 分。

（5）资金投入。

① 预算编制科学性。

该指标分值 2 分，评价得分 2 分。

2023 年平原县城乡供水管网改造提升及智慧供水工程项目，针对拟投入的每笔专项资金，A 会计师事务所（特殊普通合伙）、B 会计师事务所（普通合伙企业）分别出具了项目收益与融资平衡专项评价报告，C 律师事务所出具了法律意见书。

预算编制经过科学论证,预算内容与项目内容相匹配,预算额度测算依据充分,确定的项目投资额或资金量与工作任务相匹配。本项得 2 分。

② 资金分配合理性。

该指标分值 2 分,评价得分 2 分。

2023 年平原县城乡供水管网改造提升及智慧供水工程项目预算资金 10 000 万元,其中,项目单位自有资金 400 万元、财政资金 9 600 万元。

平原县财政局下达资金指标 3 000 万元、6 600 万元,预算资金分配依据充分;资金分配额度合理,与项目单位或地方实际相适应,本项得 2 分。

2. 项目过程情况

项目过程指标主要考核该项目纳入政府性基金预算管理、资金到位和支出、资金使用、本息偿还、预测的合理性、预期收益与资金规模匹配、资金期限与项目期限匹配、信息公开、管理制度、档案管理情况,该指标分值 24 分,得分 19.99 分,得分率 83.29%。下设 10 个二级指标,14 个三级指标。(具体得分情况见表 4-4)

表 4-4　过程指标设定及评分情况表

一级指标	二级指标	三级指标	分值	得分
项目过程	纳入政府性基金预算管理	资金收支、还本付息及专项收入纳入政府性基金预算管理	2	2
	资金到位和支出	资金到位及时性、完整性	2	2
		资金支出及时性、完整性	2	1.99
	资金使用	资金使用合规性	2	1
	本息偿还	及时偿还本息	1	1
		足额偿还本息	1	1
	预测的合理性	项目收入、成本、收益预测合理性	2	0
	预期收益与资金规模匹配	覆盖倍数是否合理	2	2
	资金期限与项目期限匹配	资金期限与项目期限匹配合理性	2	2
	信息公开	信息公开完整性	1	1
		信息公开及时性	1	1
	管理制度	管理制度健全性	2	1

一级指标	二级指标	三级指标	分值	得分
项目过程	档案管理	档案编制完整性	2	2
		档案编制及时性	2	2
合计			24	19.99

（1）纳入政府性基金预算管理情况。

该指标下设"资金收支、还本付息及专项收入纳入政府性基金预算管理"1个三级指标。该指标分值2分，评价得分2分。

2023年平原县城乡供水管网改造提升及智慧供水工程项目主管单位为平原县水利局，资金收支、还本付息及专项收入均纳入平原县水利局政府性基金预算管理；经审阅该项目会计核算资料，A公司作为项目单位对资金收支进行了单独核算和全面管理。本项得2分。

（2）资金到位和支出。

① 资金到位及时性、完整性。

该指标分值2分，评价得分2分。

2023年平原县城乡供水管网改造提升及智慧供水工程项目应到位资金9 600万元，实际到位资金9 600万元，资金到位率为100%。本项得2分。

② 资金支出及时性、完整性。

该指标分值2分，评价得分1.99分。

2023年平原县城乡供水管网改造提升及智慧供水工程项目资金总额9 600万元，实际支出9 563.13万元，资金使用率为99.62%，扣减0.01分，本项得1.99分。

（3）资金使用。

该指标下设"资金使用合规性"1个三级指标。该指标分值2分，评价得分1分。

2023年平原县城乡供水管网改造提升及智慧供水工程项目，实际支出的资金全部投入该工程项目，符合资金投向的规定及项目有关批复规定的用途，不存在截留、挤占、挪用等情况；对平原县龙门水库出库泵站及龙门水库出库泵站设备安装及附属配套设施建设项目、平原县老旧城乡供水管网改造提升工程一期、二期、三期工程价款的支付，在项目造价咨询单位已完工未完成竣工结算工作的情况下付至合同价款的97%，未严格执行项目单位工程管理制度，资金的拨付

审批程序和手续不够严格,扣减 1 分,本项得 1 分。(得分情况见表 4-5)

表 4-5　未结算工程项目付款进度

序号	项目名称	建设单位	合同金额(万元)	付款金额(万元)	付款比例	约定的付款进度
1	平原县龙门水库出库泵站建设项目		389.91	378.21		工程竣工后付至合同价款的70%,工程验收合格付至合同价款的97%
2	平原县龙门水库出库泵站设备安装及附属配套设施建设项目	B公司	385.11	373.56	97%	工程竣工后付至合同价款的70%,工程验收合格付至合同价款的97%
3	平原县老旧城乡供水管网改造提升工程(一期)		297.57	288.64		工程竣工后付至合同价款的70%,工程验收合格付至合同价款的97%
4	平原县老旧城乡供水管网改造提升工程(二期)		358.76	348.00		工程竣工后付至合同价款的70%,工程验收合格付至合同价款的97%
5	平原县老旧城乡供水管网改造提升工程(三期)	B公司	363.32	352.42	97%	工程竣工后付至合同价款的70%,工程验收合格付至合同价款的97%
合计			1794.67	1740.84	97%	

(4)本息偿还。

① 及时偿还本息。

该指标分值 1 分,评价得分 1 分。

A 公司根据年度项目收益收缴计划已按照规定于期限内及时上缴平原县水

利局。本项得 1 分。

②足额偿还本息。

该指标分值 1 分,评价得分 1 分。

A 公司根据年度项目收益收缴计划上缴利息 49.65 万元,已按照规定于期限内足额上缴平原县水利局。本项得 1 分。

(5)预测的合理性。

该指标下设"项目收入、成本、收益预测合理性"1 个三级指标。该指标分值 2 分,评价得分 0 分。

A 公司针对该项目出具了项目建议书及项目收益与融资平衡专项评价报告,根据运营期供水费用收取情况,按照每年终端改造提升 7 万户、年供水量 3 066 万立方,预测年营业收入为 10 731 万元,但对于每户平均每日用水 1.2 吨无具体的测算依据,无法判断是否符合正常业绩水平。扣减 2 分,本项得 0 分。

(6)预期收益与资金规模匹配。

该指标下设"覆盖倍数是否合理"1 个三级指标。该指标分值 2 分,评价得分 2 分。

平原县城乡供水管网改造提升及智慧供水工程项目,预计使用资金共计 22 200 万元,本息共计 50 058 万元,存续期预期收益 87 067.39 万元,项目净现金流覆盖融资本息的预计本息覆盖倍数为 1.74,项目全生命周期预期收益与资金规模相匹配。本项得 2 分。

(7)资金期限与项目期限匹配。

该指标下设"资金期限和项目期限匹配合理性"1 个三级指标。该指标分值 2 分,评价得分 2 分。

2023 年平原县城乡供水管网改造提升及智慧供水工程项目实际到位资金 9 600 万元,其中 3 000 万元期限为 x 年、6 600 万元期限为 x 年,整个项目预计建设期为 20×× 年 ×× 月至 20×× 年 ×× 月,根据项目及行业特点分析确定项目运营期自 20×× 年至 20×× 年,资金期限与项目建设和运营期限相匹配。本项得 2 分。

(8)信息公开。

①信息公开完整性。

该指标分值 1 分,评价得分 1 分。

2023 年平原县城乡供水管网改造提升及智慧供水工程项目已按照政府信息公开的有关规定和要求,将有关信息进行公开。本项得 1 分。

② 信息公开及时性。

该指标分值 1 分,评价得分 1 分。

2023 年平原县城乡供水管网改造提升及智慧供水工程项目已按照政府信息公开的有关规定和要求,将项目的有关信息及时、完整地进行录入和更新。本项得 1 分。

(9)管理制度

该指标下设"管理制度健全性"1 个三级指标。该指标分值 2 分,评价得分 1 分。

A 公司制定了财务核算管理制度及招标、施工、资金控制、竣工验收等业务管理制度;经核查工程施工合同及竣工工程质量验收报告,发现 7 个具体工程项目实际完工后很长时间才组织质量竣工验收,验收不及时,扣减 1 分。本项得 1 分。

(10)档案管理。

① 档案编制完整性。

该指标分值 2 分,评价得分 2 分。

A 公司已制定相应的财务和业务档案管理制度,档案编制完整。本项得 2 分。

② 档案编制及时性。

该指标分值 2 分,评价得分 2 分。

2023 年平原县城乡供水管网改造提升及智慧供水工程项目档案资料符合法律法规及相关政策要求,编制及时。本项得 2 分。

3. 项目产出情况

项目产出指标主要考核该项目产出数量、产出质量、产出时效、产出成本和债券资金闲置情况,该指标分值 32 分,得分 29.39 分,得分率 91.84%。下设 5 个二级指标,10 个三级指标。(具体得分情况见表 4-6)

表 4-6　产出指标设定及评分情况表

一级指标	二级指标	三级指标	分值	得分
项目产出	产出数量	改造供水终端 27 个小区	4	3.60
		改造供水终端 116 个村	4	2.80
		完成龙门水库泵站改造提升	2	2
		铺设供水管道 40 千米	2	1

一级指标	二级指标	三级指标	分值	得分
项目产出	产出质量	终端改造安装合格率	3	3
		供水管道工程质量合格率	3	3
	产出时效	完成及时性	6	6
	产出成本	成本节约程度	3	3
		成本控制有效性	3	3
	资金闲置情况	考虑闲置因素后资金实际成本	2	1.99
合计			32	29.39

（1）产出数量。

① 改造供水终端 27 个小区。

该指标分值 4 分,评价得分 3.6 分。

2023 年平原县城乡供水管网改造提升及智慧供水工程项目改造完成 24 个老旧小区的供水终端,低于年初设定的改造 27 个老旧小区供水终端的数量指标,指标完成率 88.89%,扣减 0.4 分,本项得 3.6 分。

② 改造供水终端 116 个村。

该指标分值 4 分,评价得分 2.8 分。

2023 年平原县城乡供水管网改造提升及智慧供水工程项目改造完成 67 个村及 13 个乡镇驻地的供水终端,低于年初设定的改造 116 个村供水终端的数量指标,指标完成率 68.97%,扣减 1.2 分,本项得 2.8 分。

③ 龙门水库泵站改造提升工程。

该部分分值 2 分,评价得分 2 分。

2023 年平原县城乡供水管网改造提升及智慧供水工程项目完成对平原县龙门水库出库泵站的改造提升,本项得 2 分。

④ 铺设供水管道 40 千米。

该部分分值 2 分,评价得分 1 分。

2023 年平原县城乡供水管网改造提升及智慧供水工程项目铺设供水管道 20.12 公里,低于年初设定的铺设供水管道 40 千米的数量指标,扣减 1 分,本项得 1 分。具体完成情况如表 4-7 所示。

表 4-7 项目产出数量指标计划完成情况对比表

指标	指标内容	指标值	实际完成
数量指标	改造供水终端	27 个小区	2023 年平原县老旧城乡供水管网改造提升工程一期、二期、三期共改造完成二中家属院、体校家属楼、丽水豪廷小区南区等 24 个老旧小区供水终端
	改造供水终端	116 个村	2023 年平原县老旧城乡供水管网改造提升工程四期及平原县城乡管网提升改造工程共计改造完成 67 个村庄及 13 个乡镇驻地供水终端
	龙门水库泵站改造提升工程	1 处	完成龙门水库出库泵站建设、设备安装及附属配套建设
	铺设供水管道	40 千米	2023 年北环路、复兴路、民生路、南园路、东二环、仁和路共计铺设供水管道 11.42 千米,平原县老旧城乡供水管网改造提升工程一期、二期、三期铺设供水管网 8.7 千米

（2）产出质量。

① 终端改造安装合格率。

该指标分值 3 分,评价得分 3 分。

2023 年平原县城乡供水管网改造提升及智慧供水工程项目终端改造安装合格率为 100%,达到年初设定的"终端改造合格率达到 100%"的质量指标,本项得 3 分。

② 供水管道工程质量合格率。

该指标分值 3 分,评价得分 3 分。

2023 年平原县城乡供水管网改造提升及智慧供水工程项目供水管道工程质量合格率为 100%,达到年初设定的"供水室外管网工程质量合格率达到 100%"的质量指标,本项得 3 分。具体完成情况如表 4-8 所示。

表 4-8 项目产出质量指标计划完成情况对比表

指标	指标内容	计划指标值	实际完成值
质量指标	终端改造安装合格率	100%	100%
	供水管道工程质量合格率	100%	100%

（3）产出时效。

该指标下设"完成及时性"1个三级指标。该指标分值6分,评价得分6分。

2023年平原县城乡供水管网改造提升及智慧供水工程项目10个具体建设工程项目均已建设完毕,项目建设进度符合批复要求、合同约定。本项得6分。具体完成情况如表4-9所示。

表4-9 竣工验收不及时工程项目明细表

序号	项目名称	建设单位	合同金额（万元）
1	平原县龙门水库出库泵站建设项目	B公司	389.91
2	平原县龙门水库出库泵站设备安装及附属配套设施建设项目		385.11
3	平原县供水项目——北环路、复兴路自来水管网提升改造工程	C公司	351.30
4	平原县供水项目——东二环、仁和路自来水管网提升改造工程		373.50
5	平原县供水项目-民生路、南园路自来水管网提升改造工程	C公司	299.40
6	平原县老旧城乡供水管网改造提升工程（一期）	B公司	297.57
7	平原县老旧城乡供水管网改造提升工程（二期）		358.76
8	平原县老旧城乡供水管网改造提升工程（三期）		363.32
9	平原县老旧城乡供水管网改造提升工程（四期）		200.33
10	平原县城乡管网提升改造工程		7400.00
合计			10419.20

（4）产出成本。

① 成本节约程度。

该指标分值3分,评价得分3分。

2023年平原县城乡供水管网改造提升及智慧供水工程项目合同金额（中标价）10 476.71万元,实际支付9 563.13万元。工程款项按照合同约定进度支付,暂未超预算,本项得3分。具体完成情况如表4-10所示。

表 4-10　工程项目结算明细表

序号	项目名称	建设单位	合同金额（万元）	付款金额（万元）	付款比例	完工情况	竣工结算金额
1	平原县龙门水库出库泵站建设项目	B公司	389.91	378.20	97%	完工	未结清
2	平原县龙门水库出库泵站设备安装及附属配套设施建设项目	B公司	385.11	373.56	97%	完工	未结清
3	平原县供水项目——北环路、复兴路自来水管网提升改造工程		351.30	340.76			3 457 829.79
4	平原县供水项目——东二环、仁和路自来水管网提升改造工程	C公司	373.50	362.29	97%	完工	3 737 837.91
5	平原县供水项目——民生路、南园路自来水管网提升改造工程		299.40	290.42			2 986 884.04
6	平原县老旧城乡供水管网改造提升工程（一期）		297.57	288.64			未结清
7	平原县老旧城乡供水管网改造提升工程（二期）		358.76	348.00			未结清
8	平原县老旧城乡供水管网改造提升工程（三期）	B公司	363.32	352.42	97%	完工	未结清
9	平原县老旧城乡供水管网改造提升工程（四期）		200.33	194.32			2 148 172.43
10	平原县城乡管网提升改造工程		7400.00	6600.00	89%		未结清

续表

序号	项目名称	建设单位	合同金额（万元）	付款金额（万元）	付款比例	完工情况	竣工结算金额
11	智慧水务规划服务费(可研报告)	某大学	57.50	34.50	60%	完工	
	合计		10476.72	9563.13	91%		

② 成本控制有效性。

该指标分值 3 分,评价得分 3 分。

A 公司制定了严格的工程量变更、签证管理及资金控制制度,对项目成本进行全面有效控制。本项得 3 分。

（5）资金闲置情况。

该指标下设"考虑闲置因素后资金实际成本" 1 个三级指标。该指标分值 2 分,评价得分 1.99 分。

2023 年平原县城乡供水管网改造提升及智慧供水工程项目收到拨入资金总额 9 600 万元,实际支出资金 9 563.13 万元,资金闲置率 0.38%,资金闲置的原因为具体工程竣工验收后结算进度缓慢,导致资金未能及时使用。扣减 0.01 分。本项得 1.99 分。

4. 项目效益情况

项目效益指标主要考核该项目社会效益、经济效益、生态效益、可持续影响和受益对象满意度。该指标分值 28 分,得分 26.4 分,得分率 94.29%。下设 1 个二级指标,5 个三级指标。（具体评分情况见表 4-11）

表 4-11 效益指标设定及评分情况表

一级指标	二级指标	三级指标	分值	得分
项目效益	社会效益	提高供水设施水平、供水能力	4	4
		改善水质、水量,保障居民饮用水	4	4
	经济效益		4	4
	生态效益		4	4
	可持续影响	资金保障	2	2
		运行管护	2	1

一级指标	二级指标	三级指标	分值	得分
项目效益	受益对象满意度	服务对象或项目受益人等相关群体对项目实施效果的总体满意度	8	7.40
		合计	28	26.40

（1）社会效益。

① 提高供水设施水平、供水能力。

该指标分值4分,评价得分4分。

通过平原县龙门水库出库泵站及城乡管网改造,平原县城乡供水承载能力得到提升,供水配套设施更加完善优化。本项得4分。

② 改善水质、水量,保障居民饮用水。

该指标分值4分,评价得分4分。

2023年平原县城乡供水管网改造提升及智慧供水工程项目的实施,使居民饮用水水质、水量得到改善,用水安全有了保障,满足了平原县广大城区及周边乡村居民正常生活及企事业单位合理用水需求。本项得4分。

（2）经济效益。

该指标分值4分,评价得分4分。

2023年平原县城乡供水管网改造提升及智慧供水工程项目建设完成后,预期改造提升终端用户7万户、年供水量增加3066万立方米、年营业收入增加10731万元。本项得4分。

（3）生态效益。

该指标分值4分,评价得分4分。

2023年平原县城乡供水管网改造提升及智慧供水工程项目的实施,解决了供水途中管道老化、水漏损严重等问题,达到了保护水资源的目的;项目实施过程中,未出现重大环境污染事件。本项得4分。

（4）可持续影响。

① 资金保障方面。

该指标分值2分,评价得分2分。

政府为2023年平原县城乡供水管网改造提升及智慧供水工程项目建设提供资金支持,项目长期有效运行具有资金保障。本项得2分。

② 运行管护方面。

该指标分值 2 分,评价得分 1 分。

2023 年平原县城乡供水管网改造提升及智慧供水工程项目阶段完工验收后,仍由 A 公司运行维护,对供水管网运行管护符合项目实施单位职能,符合社会事业发展规划;但 A 公司并未建立相应的运行管护制度,扣减 1 分。本项得 1 分。

(5)受益对象满意度。

该指标分值 8 分,评价得分 7.4 分。

2023 年平原县城乡供水管网改造提升及智慧供水工程项目总体满意度较高,本次抽样评价就服务对象或项目受益人等相关群体对项目实施效果的总体满意度开展了问卷调查,共发放问卷 100 份、回收问卷 100 份。通过对问卷进行分析,发现本项目受益对象平均满意度达到 93%,本项得 8 分×93%=7.4 分。抽样评价满意度情况如表 4-12 所示。

表 4-12 满意度调查结果统计表

序号	调查内容	问卷选项	调查结果
1	所在的小区/村庄是否实施了供水管网改造提升项目?	是	100%
		否	--
2	所在的小区/村庄是否在实施供水管网改造提升项目前进行了及时、必要的通知、公告?	是	100%
		否	--
3	所在的小区/村庄在供水管网改造提升后是否安装了供水终端(新的水表)?	是	100%
		否	--
4	对供水管网改造提升项目改造收费标准是否满意?	满意	90%
		一般	10%
		不满意	--
5	对供水管网改造提升项目在供水及时性方面带来的改善是否满意?	满意	90%
		一般	10%
		不满意	--
6	对供水管网改造提升项目在供水稳定性方面带来的改善是否满意?	满意	90%
		一般	10%
		不满意	--

序号	调查内容	问卷选项	调查结果
7	对供水管网改造提升项目在供水水质方面带来的改善是否满意?	满意	80%
		一般	10%
		不满意	10%
8	对供水管网改造提升项目完工进度、施工时间段的选择是否满意?	满意	80%
		一般	10%
		不满意	10%
9	对供水管网改造提升项目管道材料埋深、回填、布局等施工质量是否满意?	满意	80%
		一般	10%
		不满意	10%
10	对供水管网改造提升项目施工单位服务态度是否满意?	满意	85%
		一般	10%
		不满意	5%

（五）主要经验及做法

通过对平原县龙门水库出库泵站的提升改造,平原县建成一座卧式泵房供水系统,使城乡供水承载能力得到提升,居民饮用水水质、水量得到改善,用水安全有了保障,满足了平原县广大城区及周边乡村居民正常生活及企事业单位合理用水需求。

通过对平原县老旧城乡供水管网更新改造及震后城乡供水管网的修复更新,供水管网已覆盖 24 个小区、67 个村及 13 个乡镇驻地,铺设供水管网 20.12千米,解决了供水途中管道老化、水漏损严重等问题,平原县供水配套设施更加完善优化,城市基础设施水平显著提高。

通过对受益对象满意度的调查分析,证明该项目实施效果显著,得到周边群众的普遍认同。

第三节　政策绩效评价

近年来,随着预算绩效管理改革的不断深入,政策绩效评价逐渐成为了推进改革实践和研究的热点问题,政策绩效评价在评价思路、评价方法、评价指标上都明显不同于以往项目支出评价,政策绩效评价结果为政府决策提供了坚实的基础。通过系统的绩效评价,决策者能够全面了解政策的实施效果、存在问题和潜在风险。这种基于证据的决策支持极大地提高了政策制定的科学性和准确性。

一、政策绩效评价的概念

政策绩效评价是指运用科学、规范的评价方法,按照一定的评价标准和程序,对政策的投入、过程、产出和效果等方面进行全面、系统、客观的分析和评估,以判断政策的实施是否达到预期目标、是否有效配置资源、是否产生了积极的社会影响等。

二、政策绩效评价的特点

（一）宏观性

政策通常是针对宏观层面的社会、经济、环境等问题制定的,影响范围广,涉及众多利益相关者和复杂的社会系统,其绩效评价需要从宏观角度综合考虑各种因素。

（二）长期性

政策的实施和效果显现往往需要较长时间,可能跨越多个年度甚至更长周期,评价时要考虑政策的长期影响和持续效应。

（三）复杂性

政策涉及的领域广泛,目标多样,既包括经济目标,也包括社会公平、环境保护等非经济目标,且各目标之间可能存在相互冲突或制约的关系,评价指标和方法的确定较为复杂。

（四）动态性

政策需要根据社会经济环境的变化不断调整和完善,其绩效也会随着时间和条件的变化而变化,评价工作需要具有动态性,及时跟踪和反映政策的变化情况。

（五）价值导向性

政策绩效评价不仅关注政策的实际效果,还涉及对政策所体现的价值取向

的评判,如公平、正义、民主等价值观念在政策中的体现和实现程度。(王罡,贠晓哲,2016)

三、政策绩效评价的分类

(一)按政策层次分类

按政策层次可分为宏观政策绩效评价、中观政策绩效评价和微观政策绩效评价。宏观政策如国家的财政政策、货币政策,中观政策如产业政策、区域发展政策,微观政策如针对特定企业或群体的扶持政策。

(二)按政策领域分类

按政策领域分类包括经济政策绩效评价、社会政策绩效评价、环境政策绩效评价、文化政策绩效评价等。不同领域的政策具有不同的目标和特点,评价重点也有所不同。

(三)按评价时间分类

有事前评价、事中评价和事后评价。事前评价主要是对政策方案的可行性和预期效果进行评估;事中评价是在政策实施过程中对政策执行情况和阶段性效果进行监测和评估;事后评价是在政策实施完成后对政策的整体效果进行全面评价。

四、政策绩效评价的方法

政策绩效评价的方法非常丰富,我们需要综合运用定量和定性方法,对收集到的数据进行全面深入的分析,以形成客观、准确的评价结论。

(一)定量分析方法

成本效益分析。将政策的成本和效益都以货币形式进行量化,通过比较成本和效益的大小来评估政策绩效。如果效益大于成本,说明政策在经济上是可行的,反之则可能需要进一步调整或优化。例如,在评估一项交通基础设施建设政策时,计算建设成本、运营维护成本与交通流量增加带来的经济效益、时间节约效益等,以判断政策的合理性。

成本效果分析。当政策的效益难以用货币来衡量时,采用成本效果分析。它是在一定的成本投入下,衡量政策所达到的效果,通常用于评价具有特定目标的政策,如公共卫生政策中,计算投入一定资金后,以疾病治愈率、发病率的变化等指标来评估政策效果。

统计分析方法。运用各种统计技术和工具,对与政策相关的数据进行收集、整理和分析。例如,通过建立回归模型,分析政策变量与目标变量之间的关系,以确定政策对目标的影响程度。在研究税收政策对企业创新的影响时,可收集企业研发投入、专利申请数量等数据,与税收政策调整情况进行回归分析。

(二)定性分析方法

访谈法。评价人员与政策相关的利益相关者,如政策制定者、执行者、受益者进行面对面的交流,了解他们对政策的看法、感受和意见。通过深度访谈,可以获取到定量数据无法反映的信息,如政策执行过程中的困难、利益相关者的需求和期望,为政策绩效评价提供丰富的定性资料。

案例分析法。选择具有代表性的政策实施案例进行深入研究,详细剖析政策在特定环境和条件下的实施过程、效果及存在的问题。案例分析可以帮助评价者更直观地理解政策的实际运行情况,发现政策的优点和不足,为政策的改进和推广提供参考。

德尔菲法。通过多轮专家咨询,收集专家对政策绩效的评价意见,经过反复反馈和调整,使专家意见逐渐趋于一致,从而得出对政策绩效的综合评价。该方法常用于政策目标复杂、涉及因素众多且难以量化的情况,借助专家的专业知识和经验,对政策进行全面、深入的分析和判断。

(三)综合评价方法

层次分析法。将政策绩效评价的目标分解为多个层次的指标,建立层次结构模型,通过两两比较确定各指标的相对重要性权重,然后综合计算得出政策绩效的综合评价得分。这种方法能够将复杂的政策评价问题系统化、层次化,使评价结果更具科学性和合理性。

模糊综合评价法。当政策绩效的评价指标具有模糊性和不确定性时,采用模糊综合评价法。它利用模糊数学的理论和方法,对政策绩效进行量化评价,通过建立模糊评价矩阵,综合考虑多个因素的影响,得出政策在不同评价等级上的隶属度,从而对政策绩效进行全面评价。

数据包络分析法。该法用于评价多投入、多产出的决策单元之间的相对效率。在政策绩效评价中,可以将不同地区或部门实施的相同政策视为决策单元,通过比较它们在投入资源(如资金、人力)和产出效果(如经济增长、社会福利改善)方面的相对效率,来评估政策的实施绩效,找出效率低下的环节和原因,为政策优化提供依据。

五、政策绩效评价与项目绩效评价的不同

(一)评价对象范围不同

政策绩效评价的对象是具有普遍指导意义和广泛影响力的政策,涉及整个行业、领域或社会群体,如国家的教育政策、医疗政策。项目绩效评价主要是针对具体的单个项目或一组相关项目,范围相对较小且具体,如某学校的教学楼建设项目、某医院的医疗设备采购项目。

(二)目标导向不同

政策绩效评价更侧重于宏观的战略目标和社会整体利益,如促进社会公平、推动经济可持续发展、保障公共安全。项目绩效评价通常以项目的具体目标为导向,如按时完成项目建设、达到预期的技术指标、控制项目成本。

(三)实施周期不同

政策绩效评价的政策实施周期一般较长,可能持续数年甚至数十年,需要长期跟踪和评估。项目绩效评价的实施周期相对较短,有明确的开始和结束时间,一般在项目完成后的较短时间内进行评价。

(四)评价主体侧重点不同

对于政策绩效评价来说,由于政策的宏观性和广泛影响,评价主体更强调多元性和代表性,除了政府部门和专业机构外,社会公众、利益相关者等的参与度较高。而项目绩效评价的评价主体通常以项目实施单位的上级主管部门、项目出资方、专业的项目评估机构等为主,更注重专业性和技术性。

六、政策绩效评价的县级实践案例

某县乡村振兴财政政策绩效评价案例分析如下。

某县依据国家乡村振兴战略规划以及省级相关配套政策,出台了一系列针对本县乡村振兴的财政支持政策。这些政策旨在响应国家"产业兴旺、生态宜居、乡风文明、治理有效、生活富裕"的乡村振兴总要求,结合本县农业产业基础、农村发展现状和农民实际需求,从产业发展、农村基础设施建设、生态环境保护、农村公共服务提升等多个维度制定具体财政扶持措施,为乡村振兴提供坚实的资金保障和政策引导。

（一）政策绩效目标

总目标：通过财政政策的持续投入和引导，在未来5—10年，使本县农村经济实现高质量发展，农民生活水平显著提高，乡村面貌焕然一新，建成一批具有示范效应的美丽乡村，实现乡村全面振兴。

阶段性目标：在本评价周期（1—2年）内，完成若干农业产业项目的扶持建设，带动农民增收；提升农村基础设施水平，改善农村生产生活条件；加强农村生态环境保护，推动绿色发展；提高农村公共服务供给质量，增强农民的获得感和幸福感。

（二）政策落实及管理

1. 制度建设情况

县财政局联合农业农村局、住建局等相关部门，制定了详细的乡村振兴财政资金管理办法和项目实施细则。明确了资金的申报、审批、拨付、使用、监督等各个环节的流程和要求，确保财政资金专款专用、安全高效。同时，建立了项目库管理制度，对申报的乡村振兴项目进行严格筛选和入库管理，实行动态调整和跟踪问效。

2. 政策的执行情况

在产业发展方面，积极落实对特色农业产业的补贴政策，如对种植优质水果、蔬菜、中药材的农户和农业企业给予种苗补贴、肥料补贴等，鼓励扩大生产规模，提升产业竞争力。在农村基础设施建设上，按照规划有序推进农村道路、水利设施、污水处理设施等项目建设，确保项目按时按质完成。在生态环境保护方面，加大对农村生态修复、垃圾处理、畜禽养殖污染治理等项目的资金投入，严格执行相关环保标准和政策要求。在公共服务提升上，保障农村教育、医疗、文化等领域的资金需求，改善农村公共服务设施和服务质量。

（三）政策绩效

1. 政策设计

绩效目标紧密围绕乡村振兴战略总要求，结合本县实际情况，明确了产业发展、基础设施建设、生态环保、公共服务等具体目标，具有明确的指向性和可操作性。例如，设定在本评价周期内，使特色农业产业产值增长$x\%$，农村生活垃圾无害化处理率达到$x\%$等具体目标。

各部门之间分工明确、协同配合，在项目申报、实施过程中，建立了有效的沟通协调机制,避免了政策专项间的冲突和重复建设。例如,农业农村局负责产业项目的规划和实施,住建局负责农村基础设施建设项目的推进,生态环境局负责农村生态环保项目的监管,形成了工作合力。

政策覆盖了本县所有乡镇和农村地区,受益对象包括广大农户、农业企业、农村集体经济组织等,确保了政策的公平性和普惠性。

根据不同项目的特点和实际需求,制定了合理的补贴标准和资金分配方案。例如,对于农业产业项目,根据种植面积、养殖数量等因素确定补贴金额;对于基础设施建设项目,按照工程预算和实际造价进行资金拨付。

2. 政策执行

政策调整要及时。在政策实施过程中,根据实际情况和反馈意见,及时对部分政策进行了调整和完善。例如,针对特色农业产业发展过程中遇到的市场价格波动问题,及时调整了补贴方式和补贴标准,增强了政策的适应性和有效性。

政策执行机制要同向。建立了严格的项目管理和资金监管机制,确保政策执行过程中的各个环节都符合规定要求。项目实施单位严格按照项目实施方案和资金使用计划开展工作,财政部门和相关主管部门加强对项目实施进度和资金使用情况的监督检查,发现问题及时督促整改。

政策执行质量要达标。通过定期开展项目验收和绩效评价,确保政策执行质量。对已完成的项目,组织专家和相关部门进行验收,对项目的实施效果、资金使用效益等进行综合评价,对验收不合格的项目责令限期整改。

3. 政策效果(民生保障类)

(1)区域均衡性。

财政资金在全县各乡镇和农村地区的分配相对均衡,根据不同地区的发展需求和实际情况合理安排资金,促进区域协调发展。

(2)公平性。

政策受益对象明确,符合条件的农户、农业企业和农村集体经济组织都能平等享受政策扶持,不存在政策歧视和不公平现象。

(3)社会效益。

通过乡村振兴财政政策的实施,农村基础设施得到显著改善,农村生态环境质量明显提升,农村公共服务水平不断提高,农民的生活质量和幸福感大幅增强,促进了农村社会的和谐稳定。例如,农村道路的改善方便了农民出行和农产品运输,农村污水处理设施的建设改善了农村人居环境。

（4）社会满意度。

通过对受益农户、农业企业和农村居民的问卷调查和实地走访，社会满意度达到 $x\%$ 以上。大多数受访者对乡村振兴财政政策的实施效果表示满意，认为政策给他们的生产生活带来了实实在在的好处。

（四）财政政策效益情况

1. 落实财政政策的经济效益分析

（1）产业带动增收。

特色农业产业的发展带动了农民增收，通过产业补贴和扶持，吸引了更多的农民参与到特色农业种植和养殖中来，农产品产量和质量不断提升，市场竞争力增强，农民的销售收入显著增加。同时，农业产业的发展还带动了农产品加工、销售等相关产业的发展，创造了更多的就业机会，增加了农民的工资性收入。

（2）农村经济增长。

乡村振兴财政政策的实施促进了农村经济的快速增长，农村固定资产投资不断增加，农村产业结构不断优化，农村经济活力明显增强。例如，一些农村地区通过发展乡村旅游，吸引了大量游客，带动了当地餐饮、住宿、农产品销售等行业的发展，成为农村经济新的增长点。

2. 落实财政政策的社会效益分析

（1）基础设施改善。

农村道路、水利设施、污水处理设施等基础设施的建设和完善，极大地改善了农村生产生活条件，提高了农村居民的生活质量。例如，农村道路的硬化使农民出行更加便捷，减少了农产品运输成本和时间，提高了农业生产效率。

（2）公共服务提升。

农村教育、医疗、文化等公共服务水平的提高，为农村居民提供了更好的教育、医疗和文化娱乐条件，促进了农村居民素质的提升和社会文明进步。例如，新建和改造的农村学校和卫生院，改善了教学和医疗环境，提高了教育和医疗质量。

（3）乡村治理有效。

通过财政政策的引导和支持，加强了农村基层党组织建设，完善了乡村治理体系，提高了乡村治理能力。农村居民参与乡村治理的积极性和主动性增强，农村社会秩序更加稳定，为乡村振兴提供了有力的保障。

3. 落实财政政策的生态效益分析

（1）生态环境改善。

加大对农村生态环境保护的资金投入,推进了农村生态修复、垃圾处理、畜禽养殖污染治理等工作,农村生态环境质量明显改善。例如,通过推广生态农业技术和绿色防控技术,减少了农业面源污染;通过建设农村污水处理设施和垃圾处理设施,改善了农村水环境和环境卫生。

（2）绿色发展理念深入人心。

在乡村振兴财政政策的推动下,农村居民的绿色发展理念逐渐增强,更加注重生态环境保护和资源节约利用。例如,越来越多的农民开始采用绿色种植和养殖方式,减少化肥和农药的使用量,保护农村生态环境。

4. 落实财政政策的可持续影响分析

（1）产业可持续发展。

通过对特色农业产业的扶持和培育,建立了一批具有市场竞争力的农业产业基地和品牌,为农业产业的可持续发展奠定了坚实的基础。同时,加强了农业科技创新和人才培养,提高了农业产业的科技含量和管理水平,增强了农业产业的可持续发展能力。

（2）农村基础设施建设和公共服务能力可持续提升。

建立了农村基础设施和公共服务长效投入机制,确保了农村基础设施和公共服务的持续改善和提升。例如,通过设立农村基础设施维护专项资金,保障了农村道路、水利设施等的正常运行和维护;通过加强农村教师和医护人员队伍建设,提高了农村教育和医疗服务的质量和水平。

（3）农村生态环境可持续保护。

制定了农村生态环境保护长效机制,加强了对农村生态环境的监管和保护,确保了农村生态环境的可持续发展。例如,建立了农村生态环境监测体系,及时掌握农村生态环境变化情况,采取有效的保护措施。

5. 受益对象满意度分析

通过对受益农户、农业企业和农村居民的问卷调查和实地走访,社会满意度达到 $x\%$ 以上。大多数受访者对乡村振兴财政政策的实施效果表示满意,认为政策给他们的生产生活带来了实实在在的好处。同时,也收集到了一些意见和建议,如希望进一步加大对农业产业的扶持力度,提高补贴标准;加强农村基础设施建设的后期维护和管理;优化农村公共服务资源配置等。

（五）评价结论

某县乡村振兴财政政策在政策设计、政策执行和政策效果等方面都取得了显著成效。政策目标明确、科学合理,项目协同性好,受益对象全面,补贴标准合理;政策执行过程中,制度建设完善,执行机制健全,政策调整及时,执行质量较高;政策实施后,取得了良好的经济效益、社会效益和生态效益,社会满意度较高,对农村的可持续发展产生了积极的影响。财政政策评价得分达到 x 分(满分100 分),整体绩效表现优秀。

（六）问题及建议

1. 存在的问题

（1）资金投入仍显不足。

尽管财政在乡村振兴方面的投入不断增加,但与乡村振兴的实际需求相比,资金缺口仍然较大。特别是在一些大型农业产业项目和农村基础设施建设项目上,资金短缺问题较为突出,影响了项目的规模和进度。

（2）部分项目后期管护不到位。

一些农村基础设施项目建成后,由于缺乏有效的后期管护机制和资金投入,出现了设施损坏、运行效率低下等问题,影响了项目的长期效益发挥。例如,部分农村道路出现破损、污水处理设施运行不正常。

（3）政策宣传和培训力度有待加强。

部分农民和农业企业对乡村振兴财政政策的了解不够深入,政策知晓率和参与度不高。同时,在政策实施过程中,对相关人员的培训不够系统和全面,导致部分人员对政策理解和执行不到位。

2. 相关建议

（1）加大资金筹措力度。

积极争取上级财政支持,整合各类涉农资金,形成资金合力。同时,探索多元化的资金投入机制,引导社会资本参与乡村振兴,拓宽资金来源渠道。例如,通过设立乡村振兴产业基金、开展 PPP 项目等方式,吸引社会资本投入农村产业发展和基础设施建设。

（2）完善项目后期管护机制。

建立健全农村基础设施项目后期管护制度,明确管护主体、管护责任和管护资金来源。设立专门的项目管护资金,确保项目建成后能够得到及时有效的维护和管理,延长项目使用寿命,提高项目效益。

（3）加强政策宣传和培训。

通过多种渠道和方式，加大对乡村振兴财政政策的宣传力度，提高政策知晓率和透明度。例如，利用电视、广播、报纸、网络等媒体渠道进行政策宣传，组织开展政策宣讲会、培训班等活动，加强对农民和农业企业的政策培训和指导，提高他们对政策的理解和运用能力。

第四节　部门整体绩效评价

党的十九大报告明确提出"全面实施绩效管理"，将其作为推进国家治理体系和治理能力现代化的重要举措，为部门整体绩效评价工作提供了顶层设计和战略指引，旨在通过强化绩效理念，提高政府管理效能和财政资金使用效益。部门整体支出绩效评价是围绕部门整体战略目标实现和职责履行程度的综合评价，对于一个部门或单位的整体绩效评价能够洞悉资源配置的有效情况以及各部分要素之间的有机关系，从而宏观把握部门的资源配置合理性和资金运用效益。通过建立科学、合理的部门整体支出绩效评价体系，综合反映和评价部门整体职能履行中的资金绩效，从而总结经验，发现问题，为今后提高部门整体支出的效果和人财物统筹安排的能力提供参考依据和针对性建议，从而提高部门管理和服务水平。

一、部门整体绩效评价的概念

部门整体绩效评价是指运用科学合理的绩效评价指标、评价标准和评价方法，对政府部门或单位的整体预算资金使用、职能履行、政策目标实现以及管理效率等方面进行全面、系统、客观的评价活动。它以部门整体为评价对象，不仅关注财政资金的使用效益，还涵盖部门的各项业务活动、产出成果以及对经济社会产生的影响等，旨在衡量部门在一定时期内整体工作的成效和效率以及在职责履行、资源管理、政策执行及公共服务效能等方面的综合表现。部门整体绩效评价的核心在于突破单一项目评价的局限性，从整体视角审视部门"钱"与"事"的匹配度，推动从"花钱办事"向"办事增效"转型。例如，对某县教育局进行整体绩效评价，应涵盖人员经费（教师工资）、公用经费（办公开支）及项目支出（校舍改造），还要综合评估其"教育质量提升""资源均衡配置"等核心职能的实现程度。

二、开展部门整体绩效评价的必要性

（一）破解"碎片化管理"弊端

部门预算常被切割为多个项目单独评价,忽视资金整体效能(如某局将资金分散于10个小项目,各自达标但整体职能未提升)。解决路径:通过整体评价,促进资金整合与政策协同(如将分散的高标准农田资金整合,集中用于某一片区的综合治理)。

（二）压实部门主体责任

预算部门往往存在重"争资金",轻"管全局"的短视现象,这样会导致资金沉淀与职能虚化。通过开展整体绩效评价,将评价结果与部门预算总额、干部考核挂钩,倒逼部门统筹规划(如某市财政局对评价"差"的部门削减次年预算5%—10%)。

（三）服务政府职能转型

明确部门对整体预算资金使用和工作成效的责任,促使部门更加科学合理地编制预算、规划业务活动,积极采取措施提高工作效率和质量,对工作结果负责。

（四）提升公共服务质量

可以推动部门从传统的注重资金分配向注重资金使用效果转变,更好地履行公共服务职能,提高政府部门的行政效能和服务水平,满足社会公众对公共服务的需求。例如,过去某县行政审批部门办理民生事项时,需跨多科室审批,工资效率低,服务质量差。通过开展整体绩效评价,实现服务流程再造,推行"一窗受理",办事时效缩短70%。

三、开展部门整体绩效评价的政策依据和工作原则

（一）政策依据

《中华人民共和国预算法》为部门整体绩效评价提供了基本的法律框架和要求,规定了各级政府及部门在预算管理中的职责和义务,强调预算的科学性、合理性和有效性,为开展部门整体绩效评价,提高财政资金使用效益等提供了法律保障。

《中共中央　国务院关于全面实施预算绩效管理的意见》(中发〔2018〕34号)明确要求围绕部门和单位职责、行业发展规划,以预算资金管理为主线,统筹

考虑资产和业务活动,从运行成本、管理效率、履职效能、社会效应、可持续发展能力和服务对象满意度等方面,衡量部门和单位整体及核心业务实施效果,推动提高部门和单位整体绩效水平。

《项目支出绩效评价管理办法》(财预〔2020〕10号)虽然主要针对项目支出绩效评价,但为部门整体绩效评价中的项目部分评价提供了方法、指标、标准等方面的参考依据,有助于在部门整体绩效评价中科学合理地评价项目资金的使用效益和效果。

《山东省省级部门和单位整体绩效管理暂行办法》明确要推动绩效管理实施对象从政策和项目向部门和单位整体绩效拓展,建立了整体绩效指标设置、绩效目标管理、绩效自评、绩效评价、评价结果应用及公开的闭环管理模式,明确了部门、单位和财政部门等不同主体责任。

(二)工作原则

1. 科学规范原则

评价标准科学。评价指标和标准的设定应基于科学的理论和方法,充分考虑部门工作的特点和目标,确保评价结果能够准确反映部门整体绩效水平。

评价方法合理。根据评价对象和目的,选择合适的评价方法,如成本效益分析法、比较法、因素分析法,保证评价过程的科学性和严谨性。

评价流程规范。建立规范的评价流程,包括评价准备、实施、报告撰写等环节,明确各环节的工作内容和要求,确保评价工作有序进行。

2. 全面系统原则

评价内容全面。评价涵盖部门的各项职能、业务活动、资源配置、管理水平等多个方面,不仅关注财务指标,还要考虑社会效益、环境影响等非财务指标,全面反映部门整体绩效。

评价主体多元。评价主体包括财政部门、审计部门、社会公众、专家学者等,从不同角度对部门绩效进行评价,保证评价结果的客观性和全面性。

评价视角系统。从宏观到微观、从短期到长期、从投入到产出等多个视角进行评价,综合分析部门整体绩效的现状和发展趋势。

3. 客观公正原则

依据客观。评价过程和结果应基于客观事实和数据,以国家法律法规、政策文件、行业标准等为依据,避免主观随意性。

立场公正。评价主体应保持中立的立场,不偏袒任何一方,确保评价结果能够真实反映部门的绩效情况。

程序公开。评价程序和方法应向社会公开,接受公众监督,保证评价工作的透明度和公正性。

4. 结果导向原则

目标明确。以部门整体绩效目标的实现程度为核心,重点关注部门工作的实际效果和产出,评价结果应能够为部门改进工作、提高绩效提供明确的方向和依据。

注重应用。将评价结果与部门的预算安排、政策调整、绩效考核等挂钩,充分发挥评价结果的导向作用,激励部门提高绩效水平。

持续改进。通过对评价结果的分析,找出部门存在的问题和不足,提出针对性的改进措施,促进部门不断优化工作流程、提高管理水平,实现绩效的持续提升。

5. 绩效相关原则

紧密关联。评价指标和标准应与部门的职责、战略目标和业务活动紧密相关,能够准确衡量部门为实现目标所付出的努力和取得的成果。

因果关系。关注投入与产出、产出与效果之间的因果关系,分析部门资源的投入是否有效转化为预期的产出和成果,确保评价结果能够反映部门绩效的本质特征。

6. 因地制宜原则

结合实际。考虑不同地区、不同部门的特点和差异,根据当地的经济社会发展水平、政策环境、资源禀赋等因素,制定符合实际情况的评价指标和标准,避免"一刀切"。

灵活调整。随着经济社会的发展和部门职能的转变,及时对评价指标和标准进行调整和完善,确保评价工作能够适应新的形势和要求。

三、部门整体绩效评价的重要内容

开展部门整体绩效评价,应重点关注预算部门的运行成本、管理效率、履职效能、社会效应、可持续发展能力、服务对象满意度等六个方面。

(一)运行成本

预算执行成本包括部门在预算年度内实际支出的金额,是否严格按照预算安排进行资金使用,有无超预算或预算执行不足的情况,以及预算调整的合理性和频率。

人力成本涉及部门人员的薪酬、福利、培训等方面的支出。分析人力成本与部门工作量、工作成果之间的关系,评估是否存在人力成本过高或人力资源浪费的问题。

办公运营成本涵盖办公场地租赁、设备购置与维护、水电费、通信费等日常运营费用。评价时应考察这些费用的支出是否合理,是否有节约的空间,以及与同行业或类似部门相比的水平如何。

项目实施成本。评价项目实施成本是指针对部门开展的各类项目,核算项目从筹备、实施到验收等各个环节所发生的直接和间接成本,评估项目成本控制的有效性,是否存在成本超支或资金使用效益低下的情况。

(二)管理效率

决策效率。考察部门决策机制是否健全,决策过程是否科学、民主、高效,能否及时对重大事项作出合理决策,决策的执行效果如何,是否存在决策失误或决策滞后导致工作延误或资源浪费的问题。

流程优化程度。分析部门内部工作流程是否简洁、规范、合理,是否存在繁琐、重复的环节,有无流程优化的措施和效果,如通过信息化手段等提高流程效率,减少办事时间和成本。

信息传递与沟通效率。评估部门内部以及与外部相关部门、单位之间的信息传递是否及时、准确、畅通,是否建立了有效的沟通协调机制,有无因信息不畅导致工作衔接不畅、出现矛盾或延误的情况。

资源调配效率。关注部门对人力、物力、财力等资源的调配能力,能否根据工作任务的轻重缓急合理分配资源,资源的利用是否充分,是否存在资源闲置或短缺的现象。

(三)履职效能

职责履行的完整性。审查部门是否全面履行了法定职责和上级赋予的各项任务,有无职责缺失或不到位的情况,各项工作是否达到了规定的标准和要求。

重点工作完成情况。聚焦部门承担的重点项目、重要工作的完成进度、质量和效果,审查是否按照计划顺利推进,是否达到了预期的目标和绩效指标,对经济社会发展的重点领域和关键环节是否起到了应有的推动作用。

政策执行效果。评估部门在贯彻落实国家和地方各项政策法规方面的执行情况,政策执行是否准确、到位,是否取得了预期的政策效果,有无政策落实不力或出现偏差的问题。

创新履职情况。考察部门在履行职责过程中是否积极创新工作方式方法、机制体制,是否有新的举措和探索,创新对提升履职效能的作用和效果如何。

(四)社会效应

对经济发展的贡献。分析部门工作对区域经济增长、产业发展、就业促进等方面的积极影响,如通过制定和实施产业政策,推动了相关产业的升级和发展,创造了更多的就业机会,对经济指标的提升有显著贡献。

对社会事业的促进。关注部门在教育、医疗、文化、社会保障等社会事业领域所取得的成效,是否推动了社会事业的进步,提高了公共服务水平,改善了民生福祉,如卫生部门提升了基层医疗服务能力,教育部门促进了教育公平和质量提升。

对社会稳定的维护。评估部门在维护社会秩序、化解社会矛盾、保障公共安全等方面的工作效果,是否为社会稳定和谐创造了良好的环境,如公安部门打击违法犯罪活动,维护了社会治安稳定。

对生态环境的影响。对于涉及生态环境领域的部门,考察其在环境保护、资源节约、生态修复等方面的工作成效,是否推动了生态文明建设,促进了可持续发展,如环保部门加强污染治理,改善了环境质量。(王韶华,2016)

(五)可持续发展能力

人才队伍建设。评价内容包括人才的引进、培养、使用和留存机制是否完善,人才结构是否合理,是否具备适应未来发展需求的专业人才和创新人才,人才的综合素质和能力是否不断提升。

制度建设与创新。考察部门是否建立了完善的内部管理制度和工作机制,并且能够根据形势发展和工作需要不断进行制度创新和完善,以保障部门工作的规范化、科学化和可持续发展。

技术与信息化水平。评估部门在技术研发、应用和信息化建设方面的投入和成果,是否利用先进的技术手段和信息化平台提升工作效率和质量,是否具备应对未来技术变革和发展的能力。

战略规划与前瞻性。审查部门是否制定了科学合理的长期战略规划,是否具有前瞻性和适应性,能否根据经济社会发展的趋势和变化及时调整战略方向,为部门的可持续发展提供明确的目标和路径。

（六）服务对象满意度

服务质量评价。服务对象对部门提供服务的质量进行评价，包括服务的专业性、准确性、及时性、完整性等方面，如行政审批部门的审批服务是否高效、准确，窗口工作人员的服务态度是否良好。

服务态度反馈。收集服务对象对部门工作人员服务态度的意见和建议，评价是否热情、耐心、周到，有无生冷硬推、敷衍塞责等现象，体现了部门怎样的服务意识和工作作风。

问题解决情况。考察部门对服务对象提出的问题和诉求的处理和解决情况，是否能够及时回应、有效解决，问题解决的满意度如何，是否存在久拖不决或解决不彻底的问题。

总体满意度调查。通过问卷调查、电话访谈、网络投票等多种方式，全面了解服务对象对部门整体工作的满意度，综合评估部门在服务提供、工作成效等方面的表现，以及服务对象对部门未来工作的期望和建议。

四、整体绩效评价的指标体系设置

部门整体支出绩效评价衡量预算部门整体及核心业务实施效果，主要从预算部门整体支出绩效目标、资源配置、资产管理水平、运行成本控制情况、履职效能实现情况等方面，设置评价指标体系进行评价。

评价指标分为四级，其中：

一级指标包括投入、过程、产出和效果四个方面的内容。

二级指标中，投入包括目标设定指标和预算编制指标；过程包括预算执行指标、预算管理指标和资产管理指标；产出包括职责履行指标；效果包括履职效益指标。

三级指标根据每个二级指标对应的具体工作任务和效果进行细化，其中履职效益指标需从社会效益、经济效益、生态效益等方面细化出四级指标并设置权重。

五、开展部门整体绩效评价的县级实践

为加快构建全方位、全过程、全覆盖的预算绩效管理体系，推动绩效管理实施对象从政策和项目向部门和单位整体绩效拓展，提高部门和单位整体绩效水平，根据《中共平原县县委 平原县人民政府关于全面实行预算绩效管理的实施意见》等有关规定，平原县财政局研究制定了《平原县县级部门和单位整体绩效

管理暂行办法》。

以平原县 2023 年度住房和城乡建设局整体绩效评价工作为例,说明县级实践的具体落实情况。

(一)部门基本情况

1. 部门概况

平原县住房和城乡建设局(以下简称县住建局)是县政府工作部门,为正科级。

县住建局设 5 个内设机构:综合股、城乡建设管理股、建筑业管理股、房地产业管理股、人防管理股。

所属事业单位平原县城市建设发展中心(以下简称县城市建设发展中心),为县住建局所属副科级公益一类事业单位。

2023 年县住建局核定编制 97 人,其中县住建局机关行政编制 14 名;下属事业单位县城市建设发展中心核定事业编制 83 名。

目前,县住建局实有人数 88 人。其中住建局局机关实有人数 13 名,县城市建设发展中心实有人数 75 名。

2. 主要职责

平原县住建局主要职责如下。

(1)贯彻执行住房和城乡建设、人防方面法律、法规,起草住房和城乡建设、人防领域的政府规范性文件。拟定全县住房和城乡建设发展规划、人防建设规划并组织实施。研究提出住房和城乡建设、人防重大问题的政策建议。配合有关部门做好优化营商环境有关工作。

(2)承担推进建筑节能、可再生能源建筑应用、装配式建筑、城镇减排的责任,会同有关部门拟订建筑节能、可再生能源建筑应用、装配式建筑的政策、规划并监督实施,组织实施重大建筑节能项目。拟订住房和城乡建设的科技发展规划和政策并监督实施。

(3)拟定全县城市设计、城市勘察以及工程勘察设计行业、工程抗震设防相关政策并监督实施。编制城乡建设抗震防灾规划并监督实施。负责住房和城乡建设领域消防设计审查、施工图审查和标准设计的监督管理。负责历史优秀建筑保护、城市雕塑工作,会同有关部门负责历史文化名城(镇、村)、街区保护和监督管理工作。

(4)指导全县建筑活动,组织实施房屋建筑和市政工程项目招标投标活动的监督管理。负责监督管理全县建筑市场,组织拟订规范建筑市场各方主体行为的制度并监督执行。组织协调建筑企业参与国际工程承包、建筑劳务合作。

（5）组织实施工程建设实施阶段的国家标准、全国统一定额和行业标准，执行省市统一定额。指导、监督各类工程建设标准定额的实施和工程造价计价，执行市发布工程造价信息。

（6）承担建筑工程质量安全监管责任，组织拟订全县建筑工程质量、建筑安全生产和竣工验收的政策、制度并监督执行。组织拟定建筑业技术政策并指导实施。

（7）指导城市建设管理工作，拟定全县城市建设管理相关政策并监督实施。参与拟订城市建设和市政公用事业的中长期规划、改革措施。会同有关部门编制城市建设计划和年度重点工程项目计划。会同有关部门研究加强城市地下管线建设管理的政策措施，组织协调城市地下管线综合管理工作。负责城市防汛工程技术标准的监督执行。指导城镇燃气行业的设施建设、安全生产工作。负责城市建设档案的管理工作。

（8）负责拟订全县村庄和小城镇建设政策并指导实施。指导农村住房建设、农村住房安全和危房改造、村镇建设试点工作。指导小城镇人居生态环境改善工作。

（9）负责推进新型城镇化建设，提高城镇化质量。组织开展新型城镇化战略研究，提出加快新型城镇化工作的政策建议。组织拟订新型城镇化发展规划和配套措施，督促落实新型城镇化发展有关政策。

（10）拟订全县房地产业的行业发展规划和产业政策并组织实施。负责规范房地产市场秩序，组织拟订房地产市场监管政策并监督执行。制定全县房地产开发、房屋交易、房屋租赁、房屋面积管理、房地产估价、房屋中介管理、国有土地上房屋征收与补偿的制度并监督执行，指导监督房屋产权管理。负责建设个人住房信息系统。协同有关部门指导房屋登记工作。

（11）负责城镇中等偏下收入和低收入家庭住房保障工作。研究拟订全县住房保障相关政策、规划并监督实施。会同有关部门做好中央和省市县城镇保障性安居工程资金安排并监督实施。指导住房建设和住房制度改革，会同有关部门推进全县住房制度改革工作。

（12）拟订全县物业服务行业发展规划和标准，制定物业管理相关政策并监督实施。加强物业服务企业经营活动的监督管理，组织拟订房屋专项维修资金缴存、使用制度并监督执行。指导物业公共部分及公用设施交付管理。

（13）负责全县住房和城乡建设、人防领域人才队伍建设，开展住房和城乡建设、人防方面的交流与合作。负责配合有关部门指导本行业社会组织党建工作。

（14）贯彻执行城市和重要经济目标综合防护能力建设要求，负责编制人民防空建设专项规划并监督执行。负责组织编制城市平战综合防护建设发展规划，参与编制城市地下空间开发利用规划、重要经济目标防护建设总体规划。参与城市总体规划中落实人民防空防护要求的审核，监督检查城市重要区位防护准备和城市基础设施防护功能、重要经济目标防护建设落实。

（15）组织实施人防指挥工作，指导制订防空袭计划方案，负责全县人口疏散体系建设，组织指挥理论研究、指挥手段建设和训练演练，指导防空袭演习演练，组织开展重要经济目标防护工作，组织指导群众防空组织的建设和训练工作。

（16）组织管理全县人防工程建设，执行国家人防工程防护标准和质量标准，负责人防工程设计、监理、质量和单建人防工程安全监管有关工作。负责地下防护建筑建设管理，参与城市应建防空地下室的民用建筑计划。按照国家有关规定，负责防空地下室防护方面的设计审查和质量监督。管理结合民用建筑修建防空地下室工作。

（17）组织人防信息化体系建设，负责县级人防信息化平台建设与管理，指导全县人防通信警报、信息网络建设，协调利用电信、军队通信网以及其他专用通信网保障人防通信警报工作，会同无线电管理部门实施人防无线电专用频率管理。

（18）组织人防平战结合和防空防灾一体化建设，组织实施指挥、工程、通信警报、疏散体系以及群众防空组织等人防战备资源的平时开发利用，指导全县利用防空警报发布灾情警报，参与政府应急管理和城市防灾救灾、抢险救援工作。

（19）负责人防指挥所的勘察定点和县级人防指挥所的建设与管理。

（20）负责组织开展人防科研、宣传、教育工作，组织推广应用科研成果，管理人防行业标准化工作。

（21）按照有关规定，管理国家和省市县拨人防经费和国有资产。负责结合民用建筑修建防空地下室易地建设费的管理，监督管理人防系统国有战备资产，会同有关部门制定人防建设市场投融资优惠政策。

（22）组织全县人防机关"准军事化"建设，负责全县人防系统的战备值勤和应急值班工作。

（23）战时在县人防指挥部的统一领导下，根据有关命令、指示，组织开展人民防空准备、人民防空转入战时体制工作，负责发布防空袭警报、指挥人民防空疏散、防护重要经济目标、实施城市人民防空管制等工作。负责组织消除空袭后果。协助有关部门恢复生产生活秩序。为县人防指挥所提供后勤保障。

（24）组织落实和协调推进人防领域军民融合发展工作。

（25）负责县级机关单位人民防空建设相关工作。

（26）承担县人民防空军政联席会议（总指挥部）的日常工作。

（27）完成县委、县政府、县武装部和县国防动员委员会交办的其他事项。

（28）职能转变。按照党中央、国务院关于转变政府职能、深化放管服改革，深入推进审批服务便民化的决策部署要求，认真落实省、市、县"一次办好"改革的要求，组织推进本系统转变政府职能，深化简政放权，创新监管方式，落实监管责任，优化政务服务工作。推进全县住房和城乡建设、人防领域政务服务信息平台和信用体系建设，提高政务服务效率和质量。加强房地产市场调控，推进房地产供给侧改革，促进房地产市场健康稳定发展。强化对物业行业的监督管理，着力改善人民群众的生产和生活环境。

（29）有关职责分工。

① 关于政府投资的基本建设项目的初步设计以及概算审批。县住建局管后期，负责初步设计审批工作，配合县行政审批服务局审批概算方案。县行政审批服务局管前期，牵头组织审查概算方案并会同县住建局审批，参与初步设计工作。

② 农村人居环境改善工作。县农业农村局负责牵头组织全县农村人居环境改善工作。县住建局负责农村人居环境改善相关工作。

3. 部门绩效目标与工作任务

（1）部门战略目标。

推进以人为核心的新型城镇化，加快推进城乡融合发展。实施城市更新行动，推进城市生态修复、功能完善工程，加大棚户区改造力度，全方位提升城市品质。推进城市精细化管理，提高城市治理水平。促进建筑业改革发展，做大做强建筑业，实现高质量发展。全面推广绿色建筑，推动建筑用能结构调整，推进装配式建筑发展。

（2）部门年度绩效目标、工作计划及重点任务。

① 组织指导城市排水、燃气、道路、公园等市政设施专项规划和工程建设任务，指导城市污水处理设施、管网配套建设工作。

② 组织村镇建设试点工作，指导全国重点镇、省级市级示范镇和美丽村居建设；指导小城镇人居生态环境改善工作。

③ 稳妥推进棚户区改造，改善居民居住条件。

④ 国有土地上的房屋征收与补偿及回迁安置。

⑤ 全县建筑工程安全的监督管理,参与建筑安全生产政策、技术标准和制度、建筑工程安全生产指标、考核标准的研究及组织实施工作;组织开展全县建筑工程安全辅助巡查,提高建筑工程安全水平。

⑥ 全县建筑工程质量的监督管理,参与建筑工程质量监督、工程各分部验收监督工作,对检测机构及预拌混凝土企业监督检查工作;组织开展全县建筑工程质量辅助巡查,提高建筑工程质量水平。

⑦ 参与拟订建筑节能、绿色建筑、绿色建材、装配式建筑、建设科技以及智慧住区、智慧建造等的政策、规划并监督实施。

⑧ 拟订建筑业发展改革和建筑市场监管的政策、规划、规章制度并监督执行,做大做强建筑业,推动高质量发展。

4. 部门履职及年度主要工作任务完成情况

(1)加快城市更新进度,保障和改善民生。

一是持续推进棚改项目建设进程。二是加速推进市政基础设施建设。新建改建玫瑰园北侧规划道路、琵琶湾东路等市政道路 5 条,总长 5 千米;在城市繁华地段筹集人才住房 150 套;完成 30 部既有住宅加装电梯建设;图书档案馆、体育馆均已向市民开放,城市功能持续完善,城市品质不断提升。

(2)抓实生态环境整治,推动高质量发展。

大力实施“秀水润城”工程,2023 年,如期完成 18 千米市政道路及 29 个小区、单位的雨污合流制管网清零,完成 41 个雨污混错接点改造,提前两年实现整县制建成区雨污合流管网清零目标。

(3)聚焦新旧动能转换,助力产业转型升级。

按照新版建筑节能与绿色建筑标准,新开工装配式建筑面积 30.22 万平方米,新增绿色建筑面积 104.4 万平方米,绿色建筑占新开工民用建筑面积的 100%,超额完成年度指标。

(4)谋划村镇建设任务,助力乡村振兴。

全力推进恩城中心镇建设,在工程质量安全、施工节点验收等方面给予支持,助力项目建设提标提速。在采暖季来临前,对 7.2 万清洁取暖用户进行安全检查和采暖设施排查,确保群众安全温暖过冬。

(5)规范建筑市场秩序,助力综治维稳。

深入推进安全生产、质量监管、治欠保支、扬尘整治等工作,全年共监督单体工程 211 个,累计下发安全隐患整改通知单 180 余份,处理拖欠农民工工资案件 231 起,开展全域扬尘联合检查 25 轮次。

5. 部门预算及执行情况

(1)收支预算总体情况。

按照综合预算的原则,县住建局所有收入和支出均纳入部门预算管理。收入包括一般公共预算财政拨款收入、政府性基金预算财政拨款收入。支出包括社会保障和就业支出、卫生健康支出、节能环保支出、城乡社区支出、农林水支出、住房保障支出、灾害防治及应急管理支出。(具体收支情况见表 4-13)

表 4-13　平原县住房和城乡建设局 2023 年收入支出明细表

项目	金额 (万元)	项目(按功能分类)	金额 (万元)	项目(按支出性质和经济分类)		金额 (万元)
1. 一般公共预算财政拨款收入	3 856.97	1. 社会保障和就业支出	169.91	1. 基本支出	人员经费	1 270.78
					公用经费	83.41
2. 政府性基金预算财政拨款收入	77 234.82	2. 卫生健康支出	52.39	2. 项目支出		79 737.60
		3. 节能环保支出	2 453.78			
		4. 城乡社区支出	78 281.76			
		5. 农林水支出	6.50			
		6. 住房保障支出	84.95			
		7. 灾害防治及应急管理支出	42.50			
合计	81 091.79	合计	81 091.79	合计		81 091.79

县住建局 2023 年收支预算 81 091.79 万元,比上年减少 58 829.36 万元。主要原因是拆迁安置补偿费项目、专项债券项目、中设水务有限公司污水处理费项目预算减少。

(2)基本支出情况。

2023 年度一般公共预算财政拨款基本支出决算 1 285.99 万元,包括人员经费和公用经费,支出具体情况如下。

人员经费 1 221.78 万元,主要包括基本工资、津贴补贴、奖金、绩效工资、机关事业单位基本养老保险缴费、职业年金缴费、职工基本医疗保险缴费、其他社会保障缴费、住房公积金、医疗费、其他工资福利支出、离休费、退休费、抚恤金、生活补助、医疗费补助。公用经费 64.21 万元,主要包括办公费、水费、电费、会议费、培训费、公务接待费、工会经费、公务用车运行维护费、其他交通费用、其他商品和服务支出。

（3）项目支出情况。

2023 年度预算调整后项目支出 232 897.09 万元。2022 年度项目支出为 168 628.7 万元,2023 年项目支出比 2022 年增加了 64 268.39 万元,增长38.11%。主要原因是单位 2023 年增加平原县壹号院沿街商业回购资金。

（4）政府采购情况。

2023 年政府采购预算 0 元,2023 年政府采购支出 0 元。其中,政府采购货物 0 元,政府采购工程 0 元,政府采购服务 0 元。

（5）一般公共预算安排的"三公"经费情况。

2023 年,通过一般公共预算财政拨款安排的"三公"经费预算共 8.7 万元。支出决算为 4.07 万元,完成年初预算的 46.78%。

公务用车运行维护费 2022 年支出决算为 1.41 万元,2023 年支出决算为1.07 万元,比上年决算减少 0.34 万元,比上年下降 24.11%。主要原因是厉行节约,严控经费支出。

公务接待费 2022 年支出决算为 2.63 万元,2023 年支出决算为 3 万元,比上年决算增加 0.37 万元,比上年增长 14.07%。

2023 年县住建局未发生因公出国（境）费。

6. 部门管理制度建设和执行情况

县住建局制定了财务管理办法、资产管理制度等制度,对预算管理、收支报销、公务接待、财务报销、资产管理等提出了明确的要求,县住建局在部门整体支出管理方面严格参照执行。

（二）绩效评价工作情况

1. 评价目的、思路及关注点

从部门和单位整体绩效目标、资源配置、资产管理水平、运行成本控制情况、履职效能实现情况、可持续发展能力以及满意度情况等方面,设置评价指标进行评价,以提高财政资源配置效率和使用效益,改变预算资金分配的固化格局,提高预算管理水平和政策实施效果,衡量部门和单位整体成效与核心业务实施效果。

2. 评价原则、评价方法、评价依据等

按照相关性原则、重要性原则、可比性原则、系统性原则和经济性原则制定了绩效评价指标体系,通过询问、核对、勘查、检查等方法进行调查,取得部门相关文件,针对部门资料的完整性、数据真实性、管理完善性、部门组织实施符合绩效目标性、效果有效性等方面进行评价,评价得分采用百分制。

3. 绩效评价主要依据

(1)《关于贯彻落实〈中共中央 国务院关于全面实施预算绩效管理的意见〉的通知》(财预〔2018〕167 号)。

(2)《中共山东省委山东省人民政府关于全面推进预算绩效管理的实施意见》(鲁发〔2019〕2 号)。

(3)《山东省人民政府办公厅关于印发〈山东省省级部门单位预算绩效管理办法〉和〈山东省省对下转移支付资金预算绩效管理办法〉的通知》(鲁政字办〔2019〕20 号)。

(4)《山东省省级项目支出绩效财政评价和部门评价工作规程》的通知(鲁财绩〔2020〕4 号)。

(5)党中央、国务院重大决策部署,经济社会发展目标,各级党委、政府重点任务要求。

(6)部门职责相关规定。

(7)部门发展规划、年度工作计划、重点任务及重大政策和项目安排情况。

(8)相关行业政策、行业标准及专业技术规范。

(9)预算管理制度及办法,项目及资金管理办法、财务和会计资料。

(10)人大审查结果报告、审计报告及决定,财政监督稽核报告等。

(11)财政部门和业务主管部门认可的其他依据。

(12)评价资金及评价的范围包括 2023 年县住建局部门预算所涉及的全部财政资金。

(13)其他相关资料。

4. 评价工作方案制订过程

(1)评价指标体系。

根据部门和单位在一个财政年度内履行责任所要达到的目标和效果、年度预算安排等情况,概括、提炼出能够反映工作职责的关键性指标,确定相应指标值。主要包括投入指标、过程指标、产出指标和效益指标。

① 投入过程指标,指部门和单位对所有市级财政支出开展的财政管理活动,具体包括目标设定、预算配置、预算执行、预算管理、资产管理。

② 产出指标,指部门和单位履职任务完成情况,即实际完成率、质量达标率、完成及时率。

③ 效果指标,体现部门和单位职能履行要达到的综合效果及满意度。

投入过程指标为共性指标,即适用于所有部门的指标,由市财政部门根据相关要求统一制定。

产出指标、效益指标为个性指标,即针对部门和行业特点确定的适用于不同部门的指标,根据有关财政政策和实际情况,适时对指标进行调整,以便更科学、客观、合理地衡量部门整体支出使用效果。根据评价内容,确定评价思路,并根据整体绩效自评表的指标框架,细化部门和单位整体绩效评价指标体系,评价指标要聚焦职责履行和履职效果的核心指标。

(2)权重设置。

评价采用百分制,评分标准原则上与自评一致。遇有特殊考察重点和明确的评价要求时,可根据具体情况对相应的指标和权重作适当的调整。

(3)评价方法。

整体绩效评价的方法主要包括成本效益分析法、比较法、因素分析法、最低成本法、公众评判法、标杆管理法等。根据评价对象的具体情况,可采用一种或多种方法。

① 成本效益分析法,是指将投入与产出、效果进行关联性分析的方法。

② 比较法,是指将实施情况与绩效目标、历史情况、不同部门和地区同类情况进行比较的方法。

③ 因素分析法,是指综合分析影响绩效目标实现、实施效果的内外部因素的方法。

④ 最低成本法,是指在绩效目标确定的前提下,成本最小者为优的方法。

⑤ 公众评判法,是指通过专家评估、公众问卷及抽样调查等方式进行评判的方法。

⑥ 标杆管理法,是指以国内外同行业中较高的绩效水平为标杆进行评判的方法。

⑦ 其他评价方法。

（三）评价实施过程

1. 前期准备

开展前期调研,与委托方、被评价单位进行协调,明确评价对象和范围及评价目的,充分了解部门目标设定、预算配置、预算执行、预算管理、资产管理、产出、效果、实施内容、组织管理、绩效目标设置等内容。根据委托方要求及被评价单位情况,充分考虑人员数量、专业结构、业务胜任能力、成员稳定性等因素,同时根据部门项目特点及专业性聘请一定数量专家,成立绩效评价工作组。进一步了解部门基本情况,在与委托方及相关单位充分沟通的基础上,确定部门绩效目标。

同时,充分考虑完整性、重要性、相关性、可比性、可行性、经济性及客观性等因素,科学编制绩效评价指标体系,以充分体现和客观反映项目绩效状况和绩效目标实现程度。本次绩效评价指标体系以《山东省省级项目支出绩效财政评价和部门评价工作规程》的通知为基础,从中选取能体现绩效评价对象特征的共性指标,根据实际情况设计具有项目特色的个性指标,以准确、客观反映评价项目的绩效;根据相关法律法规、部门绩效目标及相关管理办法,在充分征求委托方及相关单位意见的基础上,确定绩效评价标准。

在与委托方及相关单位充分沟通的基础上,根据重要性原则,选用科学的方法,合理设置平原县住房和城乡建设局 2023 年度部门整体支出绩效评价报告权重;根据部门具体情况,科学选用绩效评价方法,如成本效益分析法、比较法、公众评判法;根据部门的管理层级、实施单位数量、地域分布情况等因素,合理确定现场评价和非现场评价的范围。

本次评价采用现场评价和非现场评价相结合的方式,依据被评价部门提交的资料及各类公开资料进行实质审查,梳理部门管理情况,逐项核实部门目标实现情况。对于提交资料不完整、内容不清晰、无法提供评价基础的,将形成需补充资料清单反馈单位补充完善或进行说明,确保评价结果依据明确。

根据评价需要,确定需由被评价单位提供的资料清单及其他需要配合的事项。在前期工作基础上,与委托方充分沟通,制订评价实施方案。组织召开论证会,征求委托方、被评价单位和相关专家意见建议,对评价实施方案进一步修改完善,报委托方审核同意后组织实施评价。

2. 组织实施

拟定绩效评价通知书,明确评价任务、评价对象、评价内容、评价工作进程安排、需被评价单位提供的资料等,并下达项目实施单位;对被评价单位报送的相关资料进行收集梳理,分析核实资料的真实性、完整性和有效性,并积极利用各种公开数据资料进行交叉比对,形成多层次、多角度的数据资料支持;对搜集获取的所有被评价单位相关文件资料进行全面分类、整理和分析,对照评价指标体系,形成现场评价结果;根据评价方案确定的全部现场评价范围,组成现场评价工作组,进行资料核实和分析评价。包括听取情况介绍、资料核查、实地勘察、社会调查、分析评价;在对现场评价情况进行梳理、汇总、分析的基础上,对被评价单位 2023 年度部门整体支出绩效评价报告总体情况进行综合评价,形成绩效评价结果。根据现场评价情况,详列评价中发现的问题,形成问题清单。根据资料清单、调查表及调查问卷等调查文本,协助项目实施单位完成资料申报,并根据评价需要,收集相关系统外资料。

3. 撰写与提交绩效评价报告

按照规定格式撰写绩效评价报告,全面阐述被评价单位的基本情况,说明评价组织实施情况,并在全面分析总结评价的基础上,对照评价指标体系作出具体绩效分析和结论;召集所内会计师,评价小组进行所内复核,对评价报告的完整性、合理性、充分性、逻辑性等征求意见。报告初稿复核后进行修正,对修正结果进行二次所内复核,形成最终评价报告。

4. 指标体系

(1)评价指标的构建思路及分值分布。

部门整体绩效自评采用百分制,原则上一级指标权重设置为:投入指标 10分,过程指标 30 分,产出指标 30 分,效果指标 30 分。二级、三级指标分值在上一级指标权重范围内,按指标的重要性原则设置权重。(具体得分情况见表4-14、4-15)

(2)评价等级。

评价结果采取评分和评级相结合的方式,总分 100 分,等级一般划分为四档:90(含)—100 分为优、80(含)—90 分为良、60(含)—80 分为中、60 分以下为差。

(四)评价结论及绩效分析

1. 评价结论

评价小组依据《山东省财政厅关于印发〈山东省省级项目支出绩效单位自评工作规程〉〈山东省省级项目支出绩效财政评价和部门评价工作规程〉的通

知》(鲁财绩〔2020〕4号)的有关要求,根据县住建局部门职能和2023年度任务,建立了科学、健全的指标体系及评分标准。通过数据采集、线上调研访谈及问卷调查等形式,对2023年度县住建局部门整体支出评价项目进行客观评价,最终评分结果:总得分92分,得分率为92%,评价等级为"优"。其中,投入指标权重为10分,得分为7.5分,得分率为75%;过程指标权重为30分,得分为25.5分,得分率为85%;产出类指标权重30分,得分为29分,得分率为96.67%;效果类指标权重为30分,得分为30分,得分率为100%。(具体得分情况见表4-14、4-15)

表4-14 平原县住房和城乡建设局2023年部门整体支出绩效评价综合得分情况表

指标	投入指标	过程指标	产出指标	效果指标	合计
权重	10	30	30	30	100
得分	7.5	25.5	29	30	92
得分率	75%	85%	96.67%	100%	92%

2.绩效分析(具体得分情况见表4-15)

(1)投入指标。

投入指标分值10分,实际得分7.5分,得分率为75%。

① 目标设定(本项共4分)。

该项指标满分4分,得分为3.5分,得分率为87.5%。

a. 绩效目标合理性。

根据县住建局提供的整体绩效目标申报表,平原县住房和城乡建设局2023年绩效目标设置基本明确,且部门整体的绩效目标与部门主要职责内容相匹配。此项满分2分,得2分。

b. 绩效指标明确性。

根据县住建局提供的整体绩效目标申报表,绩效指标细化已分解到具体工作任务中,各任务之间无交叉重复执行,主体明确且与其职能相符,且已设置清晰可衡量的指标,但存在部分绩效指标设置指标值偏低情况,如"农村地区新增清洁取暖户数仅为5 000户,上年数据为10 000户,实际完成值为10 000户"。根据评分规则,该项扣0.5分。该项满分2分,得1.5分。

② 预算配置(本项共6分)。

该项指标满分6分,得分为4分,得分率为66.67%。

a. 在职人员控制率。

通过查看单位三定方案、单位基本情况等资料,确认 2023 年县住建局核定编制 97 人。目前,县住建局实有人数 88 人。在职人员控制率为 90.72%,根据评分规则,在职人员控制率≤100%,该项满分 2 分,得分为 2 分。

b. "三公"经费变动率。

通过查看单位 2023 年决算等资料,确认 2023 年度"三公"经费预算数为8.7 万元,2022 年度"三公"经费预算数为 10.2 万元,"三公"经费变动率为−14.71%。根据评分规则,"三公"经费变动率≤0,得 2 分。该项满分 2 分,得2 分。

c. 重点支出保障率。

根据平原县住房和城乡建设局提供的 2023 年预算等资料,与部门沟通分析得出,2023 年重点项目支出为 95 498.14 万元,2023 年预算调整后安排的项目总支出为 282 975.06 万元,重点支出保障率为 33.75%。根据评分规则,重点支出保障率<80%不得分。该项满分 2 分,得分为 0 分。

(2)过程指标。

过程指标分值 30 分,实际得分 25.5 分,得分率 85%。

① 预算执行(本项共 12 分)。

该项指标满分 12 分,得分为 11 分,得分率为 91.67%。

a. 预算完成率。

该项指标满分 3 分,得分为 3 分。

根据县住建局提供的 2023 年预算报告、2023 年决算报告,收入预算数为 234 183.08 万元,收入预算完成数为 234 183.08 万元,收入预算完成率为100%。根据评分规则,该项满分 1 分,得分为 1 分。

根据平原县住房和城乡建设局提供的 2023 年预算报告、2023 年决算报告,支出预算数为 234,183.08 万元,支出预算完成数为 234 183.08 万元。支出预算完成率为 100%。根据评分规则,该项满分 2 分,得分为 2 分。

b. 预算调整。

预算调整率:根据平原县住房和城乡建设局 2023 年预算和 2023 年决算收支明细及资金来源说明,预算调整数为 153 091.29 万元,预算数为 81 091.79 万元,预算调整率为 88.79%。根据评分规则,预算调整率在 15%以上得 0 分。该项分值 1 分,得 0 分。

经与部门沟通,部门预算执行中,不存在未按规定程序擅自调整预算支出内容的情况,该项分值 1 分,得 1 分。

根据评分规则,该项满分 2 分,得分为 1 分。

c. 结余结转率。

根据平原县住房和城乡建设局提供的决算统计数据,2023 年的决算无结转和结余金额,结余结转率为 0%。

根据评分规则,该项满分 1 分,得分为 1 分。

d. 公用经费控制率。

根据县住建局提供的 2023 年预算报告、2023 年决算报表,2023 年度实际公用经费总额为 64.22 万元,2023 年度预算安排公用经费总额为 83.41 万元,公用经费控制率为 76.99%,根据评分规则,公用经费控制率 ≤100% 得 2 分。该项满分 2 分,得分为 2 分。

e. "三公"经费控制率。

根据县住建局提供的 2023 年预算报告、2023 年决算报表,2023 年度"三公"经费实际支出数为 4.07 万元,2023 年度"三公"经费预算安排数为 8.7 万元,"三公"经费控制率为 46.78%。根据评分规则,"三公"经费控制率 ≤100% 得 2 分。该项满分 2 分,得分为 2 分。

f. 政府采购执行率。

根据县住建局提供的 2023 年预算报告、2023 年决算报表,2023 年年初政府采购预算为 0 元,2023 年政府采购支出决算数为 0 元。根据评分规则,该项满分 2 分,得分为 2 分。

② 预算管理(本项共 12 分)。

该项指标满分 12 分,得分为 9 分,得分率为 75%。

a. 财务管理制度健全性。

通过查看县住建局提供的相关制度,确认县住建局制定了预算管理、收支报销管理、公务接待、差旅费管理等制度,且管理制度合法、合规、完整。根据评分规则,该项满分 2 分,得 2 分。

b. 资金使用合规性。

根据县住建局提供的预算管理、收支报销管理、公务接待、差旅费管理等制度,资金使用符合国家财经法规和财务管理制度规定,资金的拨付有完整的审批程序和手续,资金用途符合部门预算批复的用途,且不存在截留、挤占、挪用、虚列支出等情况,根据评分规则,该项满分 3 分,得 3 分。

c. 业务管理制度健全性。

通过查看县住建局提供的相关制度,发现其未制定行业具体的业务管理制度、管理办法。根据评分规则,该项扣 2 分。该项满分 2 分,得 0 分。

d. 业务管理制度执行有效性。

通过查看项目相关资料,业务的实施、合同的签订应遵守相关的法律法规,确认业务合同书、验收报告等资料应完整并及时归档留存。业务的实施严格按照上级要求执行,但未根据业务情况制定相关的业务管理制度。根据评分规则,该项扣 1 分。该项满分 3 分,得 2 分。

e. 预算信息公开性。

评价组通过与部门沟通并查看公开网站,确认单位已完成了预算公开,暂未公开 2023 年决算,2023 年决算将根据财政统一部署进行公开。根据评分规则,该项满分 2 分,得 2 分。

③ 资产管理(本项共 6 分)。

该项指标满分 6 分,得分为 5.5 分,得分率为 91.67%。

a. 资产管理制度健全性。

根据县住建局提供的国有资产管理制度,确认单位已制定了资产管理制度,该资产管理制度合法、合规,但关于资产清查方面未进行详细规定,建议资产每年至少清查一次。根据评分规则,该项扣 0.5 分。该项满分 2 分,得 1.5 分。

b. 资产管理安全性。

根据县住建局提供的国有资产管理制度,确认单位对于资产保存完整,账务处理合规。通过核对资产系统与账上明细,确认资产系统与账上金额一致。根据评分规则,该项满分 2 分,得 2 分。

c. 固定资产利用率。

根据县住建局提供的部门固定资产明细,未发现单位有大量闲置资产,资产均正常使用,单位固定资产利用率为 100%。根据评分规则,该项满分 2 分,得 2 分。

(3)产出指标。

产出类指标分值 30 分,实际得分 29 分,得分率为 96.67%。

① 实际完成率(共 14 分)。

该项指标满分 14 分,得分为 14 分,得分率为 100%。

a. 城镇化和农村建设情况。

农村危房改造户数:评价组通过查看 2023 年平原县农村低收入群体等重点对象住房安全保障工作实施方案、平原县危房改造台账等资料,确认 2023 年度农村危房改造户数为 24 家,实际完成率达 100%。

根据评分规则,该项满分 2 分,得 2 分。

b. 城市基础设施建设工作情况。

该项指标满分 4 分,得分为 4 分。

城市污水处理厂集中处理率:评价组通过查看项目资料城市综合表数据分析及与部门科室人员沟通,2023 年度城市污水处理厂集中处理率预计达98.5%,实际城市污水处理厂集中处理率为 98.52%,实际完成率达 100%。根据评分规则,该项满分 2 分,得 2 分。

雨污分流小区改造数量:评价组通过与部门科室人员沟通,查看雨污分流台账、雨污分流验收意见等资料,确认 2023 年度平原县完成 31 个小区雨污分流改造工作,实际完成率达 100%。根据评分规则,该项满分 2 分,得 2 分。

c. 建筑业新技术应用推广指导工作情况。

该项指标满分 4 分,得分为 4 分。

绿色建筑占城镇新建民用建筑比例:评价组通过与部门科室人员沟通,查看项目等资料,确认 2023 年度预计绿色建筑占城镇新建民用建筑比例达95%,2023 年度新开工绿色建筑面积为 37.58 万平方米,新开工民用建筑面积为 37.58 万平方米,实际新开工绿色建筑面积占新开工民用建筑面积比例达100%。根据评分规则,该项满分 2 分,得 2 分。

装配式建筑占新建筑比例:评价组通过与部门科室人员沟通,查看项目等资料,确认 2023 年度预计装配式建筑占新建建筑比例达到 28%,2023 年新开工装配式建筑面积为 30.22 万平方米,新建建筑面积为 104.4 万平方米,装配式建筑占新建建筑的比例达 28.95%。根据评分规则,该项满分 2 分,得 2 分。

d. 建筑业安全监督管理情况。

房屋建筑施工安全巡查完成率:评价组通过与部门科室人员沟通,查看项目等资料,了解到华瑞国际工程咨询集团有限公司在县住建局相关领导的指导下,根据平原县第三方辅助巡检合同要求进行检查,2023 年 10 月 25 日开始至2023 年 11 月 24 日巡查项目 46 个,发现安全隐患 881 项;2023 年 11 月 25 日开始至 2023 年 12 月 29 日巡查项目 42 个,发现安全隐患 367 项,房屋建筑施工安全巡查完成率达到 100%。根据评分规则,该项满分 2 分,得 2 分。

e. 既有住宅加装电梯情况。

既有住宅加装电梯数:评价组通过与部门科室人员沟通,查看既有住宅加装电梯基本情况、加装电梯项目台账,确认 2023 年完成加装电梯 23 部,实际完成率达 100%。根据评分规则,该项满分 2 分,得 2 分。

② 质量达标率(共 10 分)。

该项指标满分 10 分,得分为 9 分,得分率为 90％。

a. 城镇化和农村建设情况。

农村危房改造验收完成率:评价组通过查看 2023 年平原县农村低收入群体等重点对象住房安全保障工作实施方案、平原县危房改造台账、农村房屋安全鉴定验收报告、现场照片对比等资料,确认农村危房改造已验收完成,合格率达100％。根据评分规则,该项满分 2 分,得 2 分。

b. 城市基础设施建设工作情况。

雨污分流任务完成合格率:评价组通过与部门科室人员沟通,查看雨污分流台账、雨污分流验收意见等资料,了解到 2023 年 10 月 31 日,省住房城乡建设厅联合省生态环境厅组织专家成立专家组,对平原县城市建成区雨污合流管网清零工作进行了省级抽检,平原县在管网排查的基础上,建立了地下排水管网 GIS 信息系统,完成 31 个雨污合流建筑小区改造,圆满完成了实施方案确定的工作任务。专家组认为,平原县城市建成区雨污合流管网改造任务已经完成,达到整县制建成区雨污合流管网清零目标,雨污分流任务完成合格率达 100％。根据评分规则,该项满分 2 分,得 2 分。

c. 燃热工作完成情况。

震后取暖设施安装验收合格率:评价组通过与部门科室人员沟通,查看灾后重建会议文件、合同、询价信息、资金申请、震后取暖设施安装验收单等资料,了解到震后取暖设施安装已完成,实际完成率达 100％,但震后取暖设施安装验收单中存在验收单施工单位、乡镇未盖章、日期未填写情况;存在验收单日期不合规现象,合同签订日期为 2023 年 11 月 17 日,部分验收单日期为 2023 年 1 月5 日、2023 年 1 月 4 日。根据评分规则,该项扣 1 分。该项满分 2 分,得 1 分。

d. 建筑业安全监督管理情况。

房屋建筑施工安全隐患整改完成率:评价组通过与部门科室人员沟通,查看项目等资料,确认 2023 年度共巡查项目 88 个,发现安全隐患 1 248 项,已全部整改完成,整改完成率达 100％。根据评分规则,该项满分 2 分,得 2 分。

e. 房地产执法工作完成情况。

房地产企业资质检查完成率:评价组通过与部门科室人员沟通,查看房地产执法检查工作计划、完成情况及执法问题台账等资料,了解到县住建局依据《房地产开发企业资质管理规定》(中华人民共和国建设部令第 77 号),8 月底前联合市场监管局完成对房地产开发企业“双随机一公开”联合检查,对在平原县注册的房地产开发企业按照 5％比例进行抽查,资质检查完成率达 100％。根据评分规则,该项满分 2 分,得 2 分。

③ 完成及时率(共 6 分)。

该项指标满分 6 分,得分为 6 分,得分率为 100%。

a. 城市基础设施建设工作情况。

雨污分流任务完成及时率:评价组通过与部门科室人员沟通,查看雨污分流台账、雨污分流验收意见等资料,县住建局严格按照上级文件要求执行,2022—2023 年,新建市政雨水管网 8.3 千米、市政污水管网 14.46 千米,消除雨污合流管网 18.8 千米,完成 41 个雨污混错接点改造,完成 31 个雨污合流建筑小区改造,按时按量完成了实施方案确定的工作任务,完成及时率为 100%。根据评分规则,该项满分 3 分,得 3 分。

b. 建筑业安全监督管理情况。

房屋建筑施工安全巡查完成及时率:评价组通过与部门科室人员沟通,查看第三方辅助巡查情况报告等资料,了解到根据华瑞国际工程咨询集团有限公司与县住建局签订的第三方安全检查合同,华瑞国际工程咨询集团有限公司派出安全技术专业人员按时参加平原县第三方安全巡查,房屋建筑施工安全巡查完成及时率达 100%。根据评分规则,该项满分 3 分,得 3 分。

(4)效果指标。

效果指标分值 30 分,实际得分 30 分,得分率为 100%。

① 社会效益(共 15 分)。

该项指标满分 15 分,得分为 15 分,得分率为 100%。

a. 提升施工企业安全意识。

县住建局 2021 年 10 月 10 日至 2022 年 10 月 13 日检查项目共计 174 个,排查安全隐患约 1 750 项;2023 年度共巡查项目 88 个,发现安全隐患 1 248 项。通过安全隐患排查活动,发现各施工现场存在较多安全隐患,巡查中督促各施工企业落实了各项安全隐患整改措施,同时加强巡查工作组织,加强任务分工,在施工项目巡查的同时安排专人负责组织实施已巡查项目的督促整改、复查复验工作,消除了各施工现场的安全隐患,加强了各施工企业安全意识,有效实现了源头防范和长效管理。根据评分规则,该项满分 7 分,得 7 分。

b. 评比考核情况。

县住建局获得年度全市住建工作先进单位荣誉称号,凭借城建档案管理、信息宣传、自建房排查整治、两个清零一个提标等 11 个单项获得"2023 年度全市住建单项工作先进单位"荣誉称号,综合成绩排名全市第二。根据评分规则,该项满分 8 分,得 8 分。

② 可持续发展影响（共 5 分）。

该项指标满分 5 分,得分为 5 分,得分率为 100％。

a. 助力乡村振兴,改善人居环境,促进社会和谐。

县住建局全力推进恩城中心镇建设,在工程质量安全、施工节点验收等方面给予支持,助力项目建设提标提速,助力乡村振兴。深入推进安全生产、质量监管、治欠保支、扬尘整治等工作,规范建筑市场秩序,助力综治维稳,促进社会和谐。大力实施"秀水润城"工程,提前两年实现整县制建成区雨污合流管网清零目标,抓实生态环境整治,改善人居环境,推动高质量发展。根据评分规则,该项满分 5 分,得 5 分。

③ 满意度（共 10 分）。

该项指标满分 10 分,得分为 10 分,得分率为 100％。（详见《平原县住房和城乡建设局整体部门满意度调查报告》）

部门工作人员满意度≥90％:根据评价组收集的"平原县住房和城乡建设局 2023 年部门整体支出问卷"数据统计结果显示,整体满意度达 100％。根据评分规则,该项满分 5 分,得 5 分。

群众满意度≥90％:根据评价组收集的"平原县住房和城乡建设局 2023 年部门整体支出问卷"数据统计结果显示,平原县人民群众满意度为 96.55％。根据评分规则,该项满分 5 分,得 5 分。

平原县住房和城乡建设局整体部门满意度调查报告

一、调查背景

为了解平原县住房和城乡建设局整体部门的工作及运行情况,我们组织了本次问卷调查。

二、调查目的

经过问卷调查,评价人员将根据问卷调查结果通过具体细致的数据分析,深层次剖析平原县住房和城乡建设局整体部门的工作及运行情况,最后经过统计确定被调查对象满意度分值。

三、调查对象

本次调查的对象为平原县住房和城乡建设局工作人员和平原县人民群众满意度。

四、抽样方式

本次调查对象涉及平原县住房和城乡建设局全体工作人员和平原县人民群

众,因涉及数量众多,本次问卷调查采取现场随机发放问卷方式进行抽样调查。

五、问卷发放情况

本项目通过发放问卷对满意度进行调查。对平原县住房和城乡建设局工作人员发放问卷 20 份,收回有效问卷 20 份,直接向被调查人员了解平原县住房和城乡建设局部门整体工作及运行情况;对平原县人民群众发放问卷 200 份,收回有效问卷 145 份,直接向被调查人员了解平原县住房和城乡建设局履职工作成效情况。

六、调查结果分析

经过对调查资料的归纳、整理、分析,对于平原县住房和城乡建设局部门整体,平原县住房和城乡建设局工作人员满意度为 100%,满意度情况较好;平原县人民群众满意度为 96.55%,满意度情况良好。

平原县住房和城乡建设局问卷调查(工作人员版)

尊敬的领导:

您好!我们接受平原县财政局委托,为了解平原县住房和城乡建设局整体部门工作及运行情况,特设计本调查问卷,敬请根据您的真实感受,如实填写并在相应选项前打"√",谢谢您的配合!

2024 年 8 月

1. 您所在的科室是?

_____

2. 您对您所在科室任务的方向和内容是否清晰?

A. 是　　　　B. 否

3. 您是否知道自己的岗位职责和工作方向?

A. 是　　　　B. 否

4. 您认为部门的管理制度是否合理?

A. 合理　　　　B. 一般　　　　C. 不合理

5. 您对部门的协调配合是否满意?

A. 非常满意　　B. 基本满意　　C. 一般　　　　D. 不满意

6. 您对部门的整体运转效率是否满意?

A. 非常满意　　B. 基本满意　　C. 一般　　　　D. 不满意

7. 您认为本部门还有其他需要改进和完善的地方吗?

_____

平原县住房和城乡建设局问卷调查（人民群众版）

各位老师：

你们好！我们接受平原县财政局委托，为了解平原县住房和城乡建设局整体部门工作及运行情况，特设计本调查问卷，敬请根据您的真实感受，并如实填写在相应选项前打"√"，谢谢您的配合！

2024 年 8 月

1. 请问您在当地居住的年限？

A. 一年以下　　　B. 一年至三年（含）　　　　　　C. 三年以上

2. 您对平原县住房和城乡建设局是否有一定的了解？

A. 是　　　　　B. 否

3. 您了解或接触过平原县住房和城乡建设局的工作或业务吗？

A. 是　　　　　B. 否

4. 您是否投诉过平原县住房和城乡建设局？

A. 是　　　　　B. 否

5. 您所反映的问题是否在 30 日内处理完毕？

A. 是　　　　　B. 否

6. 您对平原县住房和城乡建设局农村危房改造工作是否满意？

A. 非常满意　　　B. 基本满意　　　C. 一般　　　　D. 不满意

7. 您对平原县住房和城乡建设局雨污分流小区改造工作是否满意？

A. 非常满意　　　B. 基本满意　　　C. 一般　　　　D. 不满意

8. 您对平原县住房和城乡建设局既有住宅加装电梯工作是否满意？

A. 非常满意　　　B. 基本满意　　　C. 一般　　　　D. 不满意

9. 您对平原县住房和城乡建设局部门工作的整体评价？

A. 非常满意　　　B. 基本满意　　　C. 一般　　　　D. 不满意

10. 您对平原县住房和城乡建设局办事效率评价？

A. 非常满意　　　B. 基本满意　　　C. 一般　　　　D. 不满意

11. 您对平原县住房和城乡建设局工作有什么意见和建议？

表4-15　2023年度平原县住房和城乡建设局部门整体支出绩效评价指标打分表

一级指标	二级指标	三级指标	四级指标	目标值	权重	指标解释	指标说明	评分标准	得分
投入(10)	目标设定(4)	绩效目标合理性	—	合理	2	部门(单位)所设立的整体绩效目标依据是否充分,是否符合客观实际,和考核部门(单位)履职、年度绩效目标与部门工作任务的相符性情况	评价要点:①是否符合国家法律法规、国民经济和社会发展总体规划;②是否符合部门"三定"方案确定的职责;③是否符合部门制定的中长期实施规划;④是否符合省委省政府的决策部署和工作要求	该项分值2分。对照评价要点,符合1项得1/4权重分,否则不得分	2
		绩效指标明确性	—	明确	2	部门(单位)依据整体绩效目标所设定的绩效指标是否清晰、细化,可衡量,用以反映和考核部门(单位)整体绩效目标的明细化情况	评价要点:①是否将部门整体的绩效目标细化分解为具体的工作任务;②是否通过清晰、可衡量的指标值予以体现;③是否与部门年度的任务数或计划数相对应;④是否与本年度部门预算资金相匹配	该项分值2分。对照评价要点,符合1项得1/4权重分,否则不得分	1.5

续表

一级指标	二级指标	三级指标	四级指标	目标值	权重	指标解释	指标说明	评分标准	得分
投入（10）	预算配置（6）	在职人员控制率	—	≤100%	2	部门（单位）本年度实际在职人员数与编制和考核部门（单位）对人员成本的控制程度	在职人员控制率=（在职人员数/编制数）×100%。在职人员数:部门（单位）实际在职人数,以财政部门确定的部门决算口径为准;编制数:机构编制部门核定批复的部门（单位）的人员编制数	该项分值2分。在职人员控制率≤100%,得2分;每超出1人扣1分,扣完为止	2
		"三公经费"变动率	—	≤0	2	部门（单位）本年度"三公"经费预算数与上年度"三公"经费预算数的变动比率,用以反映预算数的变动率,反映和考核部门（单位）对控制行政成本的努力程度	"三公"经费变动率=[（本年度"三公"经费总额-上年度"三公"经费总额）/上年度"三公"经费总额]×100%。"三公"经费:年度"三公"经费出国（境）费、公务车辆购置及运行费和公务招待费	该项分值2分。"三公"经费变动率≤0,得2分;未达到目标值每增加1%扣5%权重,扣完为止	2
		重点支出保障率	—	100%	2	部门本年度重点项目支出与部门支出的比重,用以反映和考核部门对履行主要职责或完成重点任务的保障程度	重点支出保障率=（重点项目支出/项目总支出）×100%。重点项目支出:部门履职和发展密切相关的,具有明显社会和经济影响,与本部门发展密切相关,党委政府关心或社会关注的项目支出总额;项目总支出:部门年度预算安排的项目支出总额	该项分值2分。重点支出保障率≥90%得2分;重点支出保障率≥80%得1分,重点支出保障率<80%不得分	0

续表

一级指标	二级指标	三级指标	四级指标	目标值	权重	指标解释	指标说明	评分标准	得分
过程（30）	预算执行（12）	预算完成率	收入预算完成率	100%	1	部门（单位）本年度收入预算完成数与批复收入预算数的比率，用以反映和考核部门（单位）收入预算到位程度	收入预算到位率=（收入预算完成数/收入预算数）×100%。收入预算完成数：部门（单位）本年度收入实际到位的预算数；收入预算数：财政部门批复的本年度部门（单位）收入预算数	该项分值1分。得分=计算所得位率×1预算到位率	1
			支出预算完成率	100%	2	部门（单位）本年度实际支出预算数与批复预算数的比率，用以反映和考核部门（单位）支出预算完成程度	支出预算完成率=（支出预算完成数/支出预算数）×100%。支出预算完成数：部门（单位）本年度支出实际执行的预算数；支出预算数：财政部门批复部门（单位）支出预算数	该项分值2分。得分=计算所得位率×2预算完成率	2
		预算调整	预算调整率	0	1	部门（单位）本年度预算调整数与预算数的比率，用以反映和考核部门（单位）预算的调整程度	预算调整率=（预算调整数/预算数）×100%。预算调整数：部门（单位）在本年度内涉及预算的追加、追减或结构调整的资金总和（因落实国家政策、发生不可抗力、上级部门临时交办产生的调整除外）	该项分值1分。预算调整率为0得1分；预算调整率在0-5%（含）得0.7分；预算调整率在5%—10%（含）得0.5分；预算调整率在10%—15%得0.3分；预算调整率在15%以上得0分	0

续表

一级指标	二级指标	三级指标	四级指标	目标值	权重	指标解释	指标说明	评分标准	得分
过程（30）			预算调整程序	按规定调整	1	部门（单位）本年度预算执行过程中，预算支出自调整情况，用以反映部门预算执行的严密性	评价要点：部门预算执行中，是否存在未按规定程序擅自调整预算内容的情况	该项分值1分。不存在擅自调整支出内容情况的得分，否则经调整内容的不得分	1
		结转结余率	—	0	1	部门（单位）本年度结转结余总额与预算数的比率，用以反映部门（单位）对本年度结转结余资金的实际控制程度	结转结余率＝结转结余总额/支出预算数×100%；结转结余总额：部门（单位）本年度结转结余资金之和（以决算数为准）	该项分值1分。结转结余率达到0得分，未达到目标值每增加1%扣5%权重，扣完为止	1
	预算执行（12）	公用经费控制率	—	≤100%	2	部门（单位）本年度实际支出的公用经费总额与预算安排的公用经费总额的比率，用以反映部门（单位）对机构运转成本的实际控制程度	公用经费控制率＝（实际支出公用经费总额/预算安排公用经费总额）×100%	该项分值2分。公用经费控制率≤100%得2分；未达到目标值每增加1%扣5%权重，扣完为止	2
		"三公经费"控制率	—	≤100%	2	部门（单位）本年度"三公"经费实际支出数与预算安排数的比率，用以反映部门（单位）对考核"三公"经费的实际控制程度	"三公"经费控制率＝（"三公"经费实际支出数/"三公"经费预算安排数）×100%	该项分值2分。"三公"经费控制率≤100%得2分；未达到目标值每增加1%扣5%权重，扣完为止	2

续表

一级指标	二级指标	三级指标	四级指标	目标值	权重	指标解释	指标说明	评分标准	得分
过程（30）		政府采购执行率	—	100%	2	部门（单位）本年度实际政府采购预算数与年初政府采购预算金额的比率，用以反映和考核部门（单位）政府采购预算执行情况	政府采购执行率=（实际政府采购金额/政府采购预算数）×100%。采购预算：采购机关根据任务编制的并经过规定程序审批准的年度政府采购计划	该项分值为2分。得分=2×政府采购执行率	2
		财务管理制度健全性	—	健全	2	部门（单位）为加强财务管理、规范财务行为而制定的管理制度是否健全完整，用以反映部门（单位）财务管理制度对完成事业发展主要职责或促进事业发展的保障情况	评价要点：①是否已制定或具有预算资金管理办法、内部财务管理制度、会计核算制度等管理制度；②相关管理制度是否合法、合规、完整	该项分值2分。制度健全、合法、合规、完整得2分，否则酌情扣分	2
	预算管理（12）	资金使用合规性	—	合规	3	部门（单位）使用预算资金是否符合相关财务管理制度的规定，用以反映部门（单位）预算资金使用的合规情况	评价要点：①资金使用是否符合国家经法规和财务管理办法以及有关专项资金管理办法的规定；②资金的拨付是否有完整的审批程序和手续；③项目的重大开支是否经过集体讨论；④资金使用是否符合部门预算用途；⑤是否存在截留、挤占、挪用、虚列支出等情况	该项分值3分。对照评价要点，每发现1处不合规项要扣0.5分，扣完为止	3

续表

一级指标	二级指标	三级指标	四级指标	目标值	权重	指标解释	指标说明	评分标准	得分
		业务管理制度健全性	—	健全	2	部门（单位）为实施业务行为而制定的制度，规范业务行为是否健全、完整，用以反映和考核部门（单位）业务管理制度对完成主要职责或促进事业发展的保障情况	评价要点：①是否已制定行业具体的业务管理制度、管理办法；②相关管理制度、办法是否合法、合规、完整	该项分值 2 分。制度健全、合法、合规、完整，完整得 2 分，否则酌情扣分	0
过程（30）	预算管理（12）	业务管理制度执行有效性	—	有效	3	部门（单位）业务实施是否符合管理制度规定，用以反映和考核业务管理制度的有效执行情况	评价要点：①各项业务的实施是否遵守相关法律法规和业务管理规定；②有关业务合同书、验收报告、技术鉴定等资料是否真实、完整、准确并及时归档	该项分值 3 分。对照评价要点，每发现 1 处错误扣 0.5 分，扣完为止	2
		预算信息公开性	—	及时完整公开	2	部门（单位）是否按照规定公开有关预算信息，用以反映和考核部门（单位）预算管理的公开透明情况	评价要点：①是否公开预决算信息；②是否按规定内容公开预决算信息；③是否按规定时限公开预决算信息	该项分值 2 分。对照评价要点，全部符合得 2 项，符合 2 项得 1 分，符合其中 1 项及以下不得分	2

续表

一级指标	二级指标	三级指标	四级指标	目标值	权重	指标解释	指标说明	评分标准	得分
过程(30)	资产管理(6)	资产管理制度健全性	—	健全	2	部门(单位)为加强资产管理、规范资产管理行为而制定的管理制度是否健全完整,用以反映部门(单位)资产管理制度对完成主要职责或促进社会发展的保障情况	评价要点:① 是否已制定或具有资产管理制度;② 相关资产管理制度是否合法、合规、完整,制度执行是否有效	该项分值 2 分。对照评价要点,符合 1 项得 1/2 权重分,否则不得分	1.5
		资产管理安全性	—	安全	2	部门(单位)的资产是否保存完整、配置合理、使用规范、收入及时足额上缴,用以反映部门(单位)资产安全运行情况	评价要点:① 资产保存是否完整;② 资产配置是否合理;③ 资产处置是否规范;④ 资产账务管理是否合规,是否账实相符;⑤ 资产是否有偿使用及处置收入及时足额上缴	该项分值 2 分。对照评价要点,符合 1 项得 1/5 权重分,否则不得分	2
		固定资产利用率	—	100%	2	部门(单位)实际在用固定资产总额与所有固定资产总额的比率,用以反映和考核部门(单位)固定资产使用效率程度	固定资产利用率=(实际在用固定资产总额/所有固定资产总额)×100%	该项分值 2 分。固定资产利用率 ≥90%,得 2 分;80%≤固定资产利用率 <90%,得 1 分;固定资产利用率 <80%,不得分	2

续表

一级指标	二级指标	三级指标	四级指标	目标值	权重	指标解释	指标说明	评分标准	得分
产出（30）	职责履行（30）	实际完成率（14）	城镇化和农村建设情况	完成	2	部门（单位）履行职责而实际完成工作数与计划工作数的比率，用以反映和考核部门（单位）履职工作任务目标的实际程度；实际完成率＝（实际完成工作数／计划工作数）×100%；实际完成工作数：一定时期（年度或规划）内部（单位）实际完成工作任务数量；计划工作数：部门（单位）整体绩效目标确定的一定规划期（年度或规划）内预计完成工作任务数量	农村危房改造户数 24 家	该项分值 2 分。完成得满分，否则按照完成率计算分值	2
			城市基础设施建设工作情况	完成	4		①城市污水处理厂集中处理率≥98.5%；②雨污分流小区改造数量 31 个	该项分值 4 分。完成 1 项得 2 分，否则按照完成率计算分值	4
			建筑业新技术应用推广指导工作情况	完成	4		①绿色建筑占城镇新建民用建筑比例 95%；②装配式建筑占新建筑比例 28%	该项分值 4 分。完成 1 项得 2 分，否则按照完成率计算分值	4

171

续表

一级指标	二级指标	三级指标	四级指标	目标值	权重	指标解释	指标说明	评分标准	得分
产出（30）	职责履行（30）	实际完成率（14）	建筑业安全监督管理情况	完成	2		房屋建筑工安全巡查完成率	该项分值2分。完成成得满分，否则按照完成率计算分值	2
			既有住宅加装电梯情况	完成	2		既有住宅加装电梯23部	该项分值2分。完成成得满分，否则按照完成率计算分值	2
		质量达标率（10）	城镇化和农村建设情况	达标	2	达到质量标准的实际工作数与完成工作数的比率，用以反映和考核部门履职质量目标的实现程度；质量达标率=（质量达标实际工作数/完成工作数）×100%；质量达标实际工作数：一定时期（年度或规划期）内部门达到部门绩效目标中达到部门绩效目标要求（绩效标准值）的工作任务数量	农村危房改造验收完成率达100%	该项分值2分。成得满分，否则按比率计算分值	2
			城市基础设施建设工作情况	达标	2		雨污分流任务完成合格率100%	该项分值2分。成得满分，否则按比率计算分值	2
			燃热工作完成情况	达标	2		震后取暖设施安装验收合格率	该项分值2分。成得满分，否则按比率计算分值	1

续表

一级指标	二级指标	三级指标	四级指标	目标值	权重	指标解释	指标说明	评分标准	得分
产出（30）	职责履行（30）	质量达标率（10）	建筑业安全监理情况	达标	2		房屋建筑施工安全隐患整改完成率	该项分值2分。完成得满分，否则按照比率值计算得分	2
			房地产执法工作完成情况	达标	2		房地产企业资质检查完成率	该项分值2分。完成得满分，否则按照比率值计算得分	2
		完成及时率（6）		城市基础设施建设工作情况	3	部门（单位）在规定时限内及时完成的实际工作数与计划工作数的比率，用以反映和考核部门履职质量目标的实现程度；完成及时率＝（及时完成实际工作数/计划工作数）×100%；及时完成实际工作数：部门（单位）按照整体绩效目标确定的时限实际完成的工作任务数量	雨污分流任务完成及时率	该项分值3分。全部及时完成得3分，否则按完成比例扣分，未完成比例超过50%（不含50%），该项指标不得分	3
			部门履职	建筑业安全监督管理情况	3		房屋建筑施工安全巡查完成及时率	该项分值3分。全部及时完成得3分，否则按完成比例扣分，未完成比例超过50%（不含50%），该项指标不得分	3

续表

一级指标	二级指标	三级指标	四级指标	目标值	权重	指标解释	指标说明	评分标准	得分
效益（30）	履职效益（30）	社会效益（15）	部门履职	显著	7	部门（单位）履行职责所带来的直接或间接影响	提升施工企业的安全意识	该项分值7分。效益显著得5分（含）—7分；较显著得3分（含）—5分；一般得1分（含）—3分；不够显著，得0—1分	7
			部门履职	显著	8		评比考核情况	该项分值8分。全市服务工作优秀得100%权重分，良好得50%权重分，合格及不合格不得分	8
		可持续发展（5）	部门履职	显著	5	部门（单位）履行职责所带来的直接或间接可持续影响	助力乡村振兴，改善人居环境，促进社会和谐	该项分值5分。效益显著得4分（含）25分；较显著得2.5分（含）24分；一般得1分（含）22.5分；不够显著，得0—1分	5

续表

一级指标	二级指标	三级指标	匹配指标	目标值	权重	指标解释	指标说明	评分标准	得分
效益（30）	履职效益（30）	社会公众或服务对象满意度（10）	部门工作人员满意度	满意度≥90%	5	通过发放调查问卷，了解部门人员对部门履职的满意程度	对部门履职工作的满意度	该项分值5分。满意度≥90%得满分，每下降1%扣5%权重分，扣完为止	5
			群众满意度	满意度≥90%	5	通过发放调查问卷，了解人民群众对部门履职的满意程度	对部门履职工作的满意度	该项分值5分。满意度≥90%得满分，每下降1%扣5%权重分，扣完为止	5
	合计分值				100	合计得分			92

（五）主要经验及做法、存在的问题和建议

1. 存在的问题

（1）绩效指标设置不明确。

绩效指标已设置清晰可衡量的指标值,但存在部分绩效指标设置指标值偏低情况,如"农村地区新增清洁取暖户数仅为 5 000 户,上年数据为 10 000 户,实际完成值为 10 000 户"。

（2）重点支付保障率低。

据县住建局提供的 2023 年预算等资料,与部门沟通分析得出,2023 年重点项目支出为 95 498.14 万元,2023 年预算调整后安排的项目总支出为 282 975.06 万元,重点支出保障率为 33.75%,暂未达到 90%。

（3）预算编制不准确。

根据县住建局 2023 年预算和 2023 年决算收支明细及资金来源说明,预算调整数为 153 091.29 万元,预算数为 81 091.79 万元,预算调整率为 88.79%。

（4）部门管理制度不健全。

经与被评价单位沟通及查看县住建局提供的相关制度,了解到其未制定行业具体的业务管理制度、管理办法。业务的实施、合同的签订应遵守相关的法律法规;业务合同书、验收报告等资料应完整并及时归档留存。业务的实施严格按照上级要求执行,但未根据业务情况制定相关的业务管理制度。根据县住建局提供的国有资产管理制度,单位已制定了资产管理制度,该资产管理制度合法、合规,但关于资产清查方面未进行详细规定,建议资产每年至少清查一次。

（5）项目资料存在不规范现象。

评价组通过与部门科室人员沟通及查看灾后重建会议文件、合同、询价信息、资金申请、震后取暖设施安装验收单等资料,了解到震后取暖设施安装已完成,实际完成率达 100%,但震后取暖设施安装验收单中存在验收单施工单位、乡镇未盖章、日期未填写情况;存在验收单日期不合规现象,合同签订日期为 2023 年 11 月 17 日,部分验收单日期为 2023 年 1 月 5 日、2023 年 1 月 4 日。

2. 建议和改进措施

（1）进一步强化部门绩效管理。

一是加强单位绩效管理的培训和指导。建议采取集中学习、讲座、专题会议等方式,加大对相关人员参与绩效目标的培训力度,进一步统一认识,充实业务知识,更好地完成绩效管理工作。二是设立科学合理的绩效目标。建议在设置绩效指标之前,根据单位年度任务、预算情况、实施条件以及之前年度数据合理填报绩效目标申报表,确保长期和年度绩效目标编制格式规范、内容合理。

（2）进一步强化重点项目管理。

建议根据部门职能及主职主业,结合部门中长期规划及工作计划,强化重点项目支出管理,增加与本部门履职和发展密切相关、具有明显社会和经济影响、党委政府关心或社会关注的项目支出总额,进一步提高部门重点支出安排率。

（3）加强预算管理,提高预算编制准确性。

建议继续加强预算管理,根据年度经济社会发展目标、国家宏观调控总体要求和跨年度预算平衡的需要,参考上一年度预算执行情况、有关支出绩效评价结果和本年度收支预测,按照规定程序征求各方面意见后,进行编制。并对其可行性和必要性进行严格论证,科学编制预算,并按计划严格执行预算。应及时清理终止或撤销的项目结余资金,进行动态跟踪管理。以此不断健全预算管理制度,提高资金使用效率。

（4）健全部门管理制度。

建立健全完善的项目业务管理制度和资产管理制度。明确业务考核办法、考核制度及考核过程性资料。调整完善项目进度计划,落实主体责任,在保质前提下加快进度。通过人员调配、沟通协商,合理安排进程,在有效时间内完成项目。当项目实际进度、质量与绩效目标出现偏差时及时采取纠偏措施,集思广益加强沟通,保证及时完成。为使单位对资产的实际流动状况合理掌握,加强对国有资产管理,单位应定期组织对流动资金、固定资产、债权债务进行清查、盘点、处理,确保单位资产安全完整,每年至少清查一次。

（5）提高项目资料规范性。

建议规范项目验收的流程,进一步加大对验收材料的审核力度,严格审核程序,从而提高项目档案资料的规范性。同时建立健全项目档案归档制度,加强对项目资料的管理,及时收集、整理、归档和保管项目资料,做到全面完整、摆放有序、查找方便。

（6）根据综合评价结果,建议调整 2025 年预算金额,优化支出方向。

① 优化调整预算。

a. 项目方面。通过与被评价单位沟通,梳理预决算中项目资金执行情况,农村改厕后续管护第三方运营费、第二污水处理厂项目、棚户区改造建设项目等项目为连续性项目,根据项目每年的预算及执行情况,建议 2025 年对农村改厕后续管护第三方运营费项目压减资金34.75万元,第二污水处理厂项目压减资金162万元,棚户区改造建设项目压减预算资金20 000万元。

b. 商品和服务支出方面。经梳理部门整体预算资金情况,建议2025年商品和服务支出预算313.31万元,对比2024年预算518.25万元调减204.94万元。

② 优化支出方向。

a. 项目方面。建议农村改厕后续管护第三方运营费项目、第二污水处理厂项目、棚户区改造建设项目压减资金由同级财政收回统筹使用,用于经济社会发展急需资金支持的领域。

b. 商品和服务支出方面。商品和服务支出主要反映单位购买商品和服务的各类支出,是单位在购买各种物资、设备、办公用品等商品时所产生的费用,这些商品是部门日常运转所必需的。不包括用于购置固定资产、战略性和应急性物资储备等资本性支出。建议财政资金在商品和服务支出方面应遵循一定的原则,如必要性、经济性、效率性,以确保资金使用的合规件和有效性。建议加大对商品和服务经费使用管理情况的监督力度,严格按照文件规定支出范围执行。

第五节 财政综合绩效评价

党的十八大报告明确提出,提高政府公信力和执行力,建设人民群众满意的政府必须积极推进政府绩效管理,注重绩效理念和结果导向。财政是国家治理支柱,加快形成有利于转变经济发展方式、建立公平统一市场、推进基本公共服务均等化的现代财政制度,必须积极开展绩效评价工作。为深入贯彻落实《意见》提出的"各级财政部门要对下级政府财政运行情况实施综合绩效评价"的工作要求,各级财政部门应积极探索高效开展财政综合绩效评价工作的路径和模式。

一、财政综合绩效评价的概念

财政综合绩效评价是对一定时期内(通常为3—5年)某级政府(如县级)财政资源配置、政策协同性、可持续性及治理效能的系统性评估,旨在回答"钱是否花在刀刃上""财政是否支撑了高质量发展"等根本问题。

财政综合绩效评价是预算绩效管理体系的最高层次评价,超越单一项目或政策视角,从区域财政整体效能出发,评估财政政策、资金配置、管理能力与区域发展的协同性,是"绩效管理金字塔"的顶端。开展财政综合绩效评价向上可以对接国家治理目标,向下能够统筹项目、部门、政策评价,形成"战略-执行"闭环。在绩效管理工作中具有非常重要的作用。

二、财政综合绩效评价工作的特点

财政综合绩效评价工作具有多方面的特点,主要体现在评价主体与客体的多元性、评价内容的广泛性、评价指标和方法的科学性等方面。

(一)评价主体与客体的多元性

财政综合绩效评价的主体通常包括财政部门、审计部门、第三方评价机构以及社会公众等。不同主体从不同角度对财政绩效进行评价,财政部门侧重于资金管理和政策落实,审计部门注重合规性和真实性审查,第三方机构提供专业独立的评估,社会公众则从自身感受和需求出发评价财政支出的效果。财政综合绩效评价的客体涵盖了政府各个部门、单位以及各类财政资金支持的项目和政策,既包括教育、医疗、环保等民生领域,也涉及基础设施建设、产业发展等经济领域,以及行政管理、公共安全等社会治理领域。

(二)评价内容的广泛性

财政综合绩效评价工作涵盖资金全流程,不仅关注财政资金的使用结果,还对资金的投入决策、预算编制、执行过程等进行全面评价。考察资金是否合理分配、是否按预算执行、有无浪费和挪用等情况。还要综合考虑经济效益、社会效益、生态效益等多个方面。例如,在评价交通基础设施项目时,既要评估其对经济增长的拉动作用,也要考虑对社会公众出行便利的影响以及对生态环境的保护情况。

(三)评价指标和方法的科学性

开展财政综合绩效评价首先需要构建一套科学合理、全面系统的评价指标体系,通常包括投入指标、过程指标、产出指标和效果指标等多个维度,每个维度又包含若干具体指标,以全面反映财政综合绩效的各个方面。评价的方法与项目、政策绩效评价相比,也更加多样且专业,根据不同的评价对象和目标,选择合适的评价方法,如成本效益分析法、比较法、因素分析法、数据包络分析法。这些方法具有较强的专业性和技术性,能够对复杂的财政绩效情况进行量化分析和评价。

（四）评价标准的多维性

开展财政综合绩效评价的标准包括政策法规标准、行业规范标准、历史数据和经验等多种标准。政策法规标准就是以国家相关法律法规、政策文件为依据，评价财政资金的使用是否合规，政策执行是否到位。行业规范标准就是参考各行业的技术标准、规范和绩效要求，对财政支持的具体项目和业务进行评价，确保财政资金在专业领域的使用符合行业发展要求。历史数据和经验标准就是通过与过去同类项目或部门的绩效数据进行对比，以及借鉴国内外类似项目的成功经验，确定合理的评价标准，衡量财政绩效的进步或不足。

（五）评价结果的导向性

财政综合绩效评价的结果首先要为政府决策提供依据，为政府部门制定财政政策、编制预算、调整资金分配提供重要参考依据，有助于优化财政资源配置，提高资金使用效益。其次要能推动政府治理水平不断改进提升，通过揭示财政管理中存在的问题和不足，促使各部门和单位加强内部管理，完善制度机制，提高财政资金管理水平和公共服务质量。评价结果的公开透明，有利于加强社会公众对财政资金使用的监督，增强政府财政管理的公信力和透明度，促进政府部门更好地履行职责。

（六）评价工作的动态性

财政综合绩效评价要不断适应政策变化而调整更新，财政政策会随着经济社会发展的形势和需求不断调整和变化，财政综合绩效评价工作也需要及时跟进，调整评价重点和指标体系，以准确反映政策实施的效果和影响。对于一些长期的财政项目和政策，还需要进行动态跟踪评价，了解项目在不同阶段的绩效情况，及时发现问题并采取措施加以解决，确保项目目标的最终实现。

三、财政综合绩效评价工作的原则

财政综合绩效评价工作通常遵循以下原则。

（一）科学规范原则

评价标准科学。财政综合绩效评价需依据科学合理的标准，如相关法律法规、行业标准、政策目标，确保评价结果能真实反映财政资金使用和管理的实际情况。

评价方法规范。运用规范的评价方法和技术，如定量分析与定性分析相结

合、成本效益分析法、因素分析法,保证评价过程的科学性和准确性,使评价结果
具有可信度和可比性。

评价流程严谨。从评价指标设定、数据收集、评价分析到报告撰写等各个环
节,都应遵循严格的流程和规范,确保评价工作的有序开展。

(二)全面系统原则

评价内容全面。评价内容涵盖财政资金的投入、过程、产出和效果等各个方
面,不仅关注资金的使用结果,还要对资金的预算编制、分配、执行、管理等全过
程进行评价,全面反映财政资金的综合绩效。

评价对象系统。评价对象包括政府各部门、各单位以及各类财政资金支持
的项目和政策,涉及经济、社会、民生、生态等多个领域,形成一个完整的评价体
系,避免片面和孤立地看待财政绩效。

考虑因素综合。充分考虑影响财政绩效的各种因素,如政策环境、经济形
势、社会需求、自然条件,以及各因素之间的相互关系和影响,进行综合分析和
评价。

(三)客观公正原则

数据真实可靠。评价所依据的数据和资料必须真实、准确、完整,通过科学
的方法和渠道收集数据,确保数据来源可靠,避免数据造假和失真,为客观评价
提供基础。

评价过程独立。评价主体应保持独立和中立,不受外界干扰和利益影响,按
照既定的评价标准和方法进行评价,确保评价过程的公正性和客观性。

结果公平合理。评价结果应基于客观事实和准确数据,不偏袒任何一方,能
够公平、合理地反映被评价对象的财政绩效状况,为决策和管理提供客观依据。

(四)绩效相关原则

目标导向明确。以财政资金的预期绩效目标为导向,评价财政资金是否达
到了预期的产出和效果,是否实现了政策目标和社会经济效益,确保评价工作与
绩效目标紧密相关。

成果效益挂钩。重点关注财政资金所产生的实际成果和效益,将评价结果
与资金分配、政策调整、项目管理等挂钩,激励各部门和单位提高财政资金使用
效益,实现绩效目标。

问题解决导向。通过评价发现财政资金使用和管理中存在的问题,提出针
对性的改进建议和措施,促进财政管理水平的提升和绩效目标的更好实现,使评

价工作具有实际意义和价值。

（五）公开透明原则

信息公开透明。除涉及国家秘密、商业秘密和个人隐私等特殊情况外，财政综合绩效评价的相关信息，如评价指标、评价方法、评价过程和评价结果，应向社会公开，接受公众监督。

公众参与广泛。鼓励社会公众、利益相关者等参与财政综合绩效评价工作，通过问卷调查、听证会、专家咨询等方式广泛征求意见和建议，提高评价工作的透明度和民主性。

监督机制健全。建立健全监督机制，加强对评价工作的监督和检查，确保评价工作依法依规进行，评价结果真实可靠，防止出现违规操作和不公正现象。

（六）成本效益原则

成本控制合理。在开展财政综合绩效评价工作时，要合理控制评价成本，包括人力、物力、财力等方面的投入，避免因评价成本过高而影响评价工作的效率和效益。

追求效益最大化。通过科学的评价，为财政资金的合理配置和有效使用提供依据，促进财政资金使用效益的最大化，实现财政资源的优化配置，使有限的财政资金发挥最大的经济和社会效益。

成本效益平衡。在评价工作中，要综合考虑评价成本与评价所带来的效益，寻求两者之间的平衡，确保评价工作既能够达到预期的目标，又能够在成本可控的范围内进行。

四、财政综合绩效评价工作的内容

财政综合绩效评价工作的主要内容涵盖评价指标体系构建、评价标准确定、评价方法选择、评价实施以及评价结果应用等多个方面。

（一）评价指标体系构建

构建投入指标。主要考量财政资金的投入规模、结构与合理性。包括财政预算安排的总量，不同领域、项目间资金的分配比例，以及资金投入是否与经济社会发展需求、政策目标相匹配等。

建构过程指标。侧重于对财政资金管理和使用过程的监督与评估。涉及预算编制的科学性、准确性，资金拨付的及时性、合规性，以及资金使用过程中的财务管理、内部控制、政府采购等环节的执行情况。

构建产出指标。聚焦于财政资金投入后所产生的直接成果,如基础设施建设项目的完工数量、公共服务的提供数量、政策文件的出台数量,以量化的方式反映财政资金的投入产出情况。

构建效果指标。重点关注财政资金投入所产生的经济效益、社会效益、生态效益以及对社会公众生活质量的影响等。例如,经济增长指标、就业水平提升、教育质量改善、环境污染治理效果、居民满意度。

(二)评价标准确定

一是政策法规标准。以国家和地方制定的相关法律法规、政策文件为依据,确保财政资金的使用和管理符合法定要求和政策导向。

二是行业规范标准。参照各行业的技术标准、规范和质量要求,对财政支持的具体项目和业务进行评价,保证财政资金在专业领域的使用达到行业规定的水平。

三是历史数据标准。依据本地区或其他类似地区过去同类项目或政策的绩效数据,确定合理的评价标准,用于衡量当前财政绩效的优劣和进步程度。

四是目标标准。根据财政资金投入时设定的具体绩效目标,包括预期的产出数量、质量、效果等,作为评价财政综合绩效是否达成目标的直接依据。

(三)评价方法选择

一是成本效益分析法。将财政资金投入所产生的效益与成本进行对比分析,计算成本效益比率,评估财政资金使用的经济性和效益性。

二是比较法。通过横向比较不同地区、部门或项目之间的绩效情况,以及纵向比较同一地区、部门或项目在不同时期的绩效变化,找出差距和问题,分析原因并提出改进措施。

三是因素分析法。确定影响财政绩效的各种因素,分析每个因素对绩效结果的影响程度和方向,以便更深入地了解财政绩效产生的原因和机制。

四是数据包络分析法。运用数学规划模型,对具有多个输入和输出指标的决策单元进行相对有效性评价。该法常用于评价多投入、多产出的复杂系统的绩效。

(四)评价实施

一是数据收集与整理。通过多种渠道收集与财政综合绩效相关的数据和资料,包括财政部门的预算执行数据、项目实施单位的业务数据、统计部门的经济社会数据等,并对收集到的数据进行整理、分类和筛选,确保数据的真实性、准确性和完整性。

二是现场调研与访谈。评价人员深入项目实施现场、基层单位等进行实地调研,了解财政资金的使用情况、项目进展和实施效果,与相关人员进行访谈,获取第一手资料,核实数据的真实性,发现潜在问题。

三是数据分析与评价。运用选定的评价方法和工具,对收集整理的数据进行分析计算,根据评价标准对财政综合绩效进行评价打分,形成评价结论,找出财政资金使用和管理中存在的问题和不足之处。

(五)评价结果应用

一是作为预算决策的依据。将评价结果作为编制年度预算、调整资金分配的重要参考,对绩效好的项目和部门给予更多的资金支持,对绩效差的项目和部门减少资金安排或要求整改,提高财政资金的配置效率。

二是作为政策调整的参考。根据评价结果,分析政策实施过程中存在的问题和效果不佳的原因,为政策的调整、完善和延续提供依据,使政策更加科学合理,符合经济社会发展的实际需求。

三是推动管理改进。针对评价中发现的财政资金管理和使用方面的问题,督促相关部门和单位加强内部管理,完善制度机制,提高财政资金管理水平和使用效益,促进各部门和单位更好地履行职责。

四是加强信息公开与监督。按照规定将评价结果向社会公开,接受公众监督,增强财政资金使用的透明度和公信力,同时也为社会各界了解财政资金的使用情况和效果提供信息渠道,促进社会监督和民主参与。

五、县级财政综合绩效评价工作实践案例

以平原县 A 镇财政运行综合绩效评价工作为例。

乡镇政府是我国最基层的国家行政机关,乡镇级财政为乡镇政府依法履行政治、经济和社会管理职能提供基本的财力保障。为进一步提升乡镇政府财政运行综合绩效,贯彻落实《意见》精神,按照"各级财政部门对下级政府财政运行情况实施综合绩效评价"的要求,开展平原县 A 镇 2023 年度财政运行情况综合绩效评价。主要情况报告如下。

(一)平原县 A 镇乡镇概况

1. 基本概况

A 镇,面积 117 平方千米,辖 93 个村庄,耕地面积 10.1 万亩,户籍人口 3.76

万人,常住人口2.2万人,城镇化率为35%。

经济发展。A镇2023年上半年生产总值10.9亿元,1—6月份全口径税收收入累计完成838万元,城乡人均可支配收入2.7万元,工业企业21家,规上企业11家,上半年实现产值5亿元。商贸类企业97家、服务类企业52家。

企业项目。A镇主要产业为种植业,主要种植玉米、小麦。设施农业方面,投资6 000万元的3.03万亩高标准农田项目建设完成,计划7月17日前完成资产移交。A镇主要企业8家,主导产业为制药、纺织、手套加工、机械制造等产业。代表企业山东诚汇双达药业有限公司,上半年销售收入1.5亿元,利税1 900万元。A镇主要项目有"花神谷有限公司年产1 200万只仿真花项目",投资1.02亿元,目前正在进行二期项目建设,10月底投产运营;"德州新势立精细化工项目",投资10亿元,项目一期已开始试生产;"晟昊生物年产39万吨复合肥及高端微生物菌肥项目",投资1亿元,项目已投产。

社会建设。A镇设小学7所,在校学生900人,专任教师140人;幼儿园9所,在园幼儿400人,专任教师27人;医疗卫生机构27个,卫生院2所,病床70张,专业卫生人员42人。

2. 组织机构设置

(1)党政工作机构。

根据职责情况及工作需要,按照精简效能原则,A镇设置党政工作机构7个。

① 党政办公室。

② 党建工作办公室。

③ 经济发展办公室(加挂城镇社区规划建设监督管理办公室牌子)。

④ 社会管理和公共服务办公室(挂民政办公室牌子)。

⑤ 安全生产应急管理办公室(加挂道路交通安全监督管理办公室牌子)。

⑥ 综合执法办公室(加挂环境保护办公室牌子)。

⑦ 政协委员联络室。

(2)事业单位。

A镇设置公益一类事业单位5个。

① 农业综合服务中心(加挂乡镇扶贫工作站牌子)。

② 便民服务中心(挂党群服务中心牌子)。

③ 财政农经服务中心。

④ 文化广电服务中心。

⑤ 网格化服务中心。

3. 年度预算收支情况

（1）财政收支情况。

① 收入预决算总体情况。

根据 A 镇提供的《2023 年度决算报表》，财政拨款总收入为一般公共预算收入、政府性基金预算收入。实际财政总收入 2 474.14 万元，具体如下。

一般公共预算收入年初预算数 1 900.42 万元，全年预算数 2 217.9 万元，调增 317.48 万元，决算数 2 217.9 万元，完成年初预算数的 116.71%。

政府性基金预算收入年初预算数 256.24 万元，全年预算数 256.24 万元，决算数 256.24 万元，完成年初预算数的 100%。

② 支出预决算总体情况。

A 镇 2023 年度财政总支出 2 474.14 万元，具体如下。

一般公共预算支出年初预算数 1 900.42 万元，全年预算数 2 217.9 万元，调增 317.48 万元，决算数 2 217.9 万元，完成年初预算数的 116.71%。

政府性基金预算支出年初预算数 256.24 万元，全年预算数 256.24 万元，决算数 256.24 万元，完成年初预算数的 100%。（详细支出情况见表 4-16、表 4-17、表 4-18）

表 4-16　A 镇 2023 年度预算支出明细表（按功能分类）

金额单位:万元

序号	项目	年初预算数	全年预算数	决算数
1	公共安全支出	2.40		
2	文化旅游体育与传媒支出	33.70	15.06	15.06
3	社会保障和就业支出	113.53	113.78	113.78
4	卫生健康支出	35.00	35.08	35.08
5	城乡社区支出	256.25	256.24	256.24
6	农林水支出	1 659.03	2 003.30	2 003.30
7	住房保障支出	56.76	50.68	50.68
	合计	2 156.67	2 474.14	2 474.14

表 4-17 A 镇 2023 年度预算支出明细表(按支出性质分类)

金额单位:万元

序号	项目	项目细分	年初预算数	全年预算数	决算数
1	基本支出	人员经费	1 036.07	994.26	994.26
		公用经费	221.16	103.04	103.04
2	项目支出		899.44	1 376.84	1 376.84
合计			2 156.67	2 474.14	2 474.14

表 4-18 A 镇 2023 年度预算支出明细表(按经济分类)

金额单位:万元

序号	项目	年初预算数	全年预算数	决算数
1	工资福利支出			872.35
2	商品和服务支出			394.06
3	对个人和家庭的补助			758.60
4	资本性支出			449.13
合计				2 474.14

(2)税收收入实现情况。

A 镇政府 2022 年税收收入为 1 167 万元,2023 年税收收入为 1 309 万元,增长率为 12.17%。

(二)绩效评价基本事项

1. 评价目的

本次评价以深入研究当前乡镇一级政府财政运行综合绩效评价理论为前提,紧紧围绕乡镇一级政府主要职责,聚焦乡镇一级政府财政运行的突出矛盾,充分考虑乡镇一级政府财政运行与政府履职之间的关系,结合乡镇当前财政管理改革和政府履职实际科学开展评价。

绩效评价是指运用科学、规范的评价方法,对照统一量化的指标及评价标准,按照绩效的内在原则,对财政预算单位为实现其职能(包括被评价单位、政策、部门整体、财政综合运行等)所确定的绩效目标的实现程度,即为实现这一目标所安排预算的支出行为过程、执行结果所进行的科学、客观、公正的衡量比较和综合评判。

通过政府财政运行综合绩效评价,一方面,努力促进政府财政实现预算和绩效管理一体化,着力提高政策实施效果和预算管理水平,提高财政资源使用效益和配置效率,改变预算资金分配的固化格局,为地方经济社会发展提供有力保障;另一方面,努力促进被评价的政府财政机关及时纠正财政运行过程中存在的绩效不高、运行质量差等方面问题,不断提高政府财政管理规范化、精细化、绩效化水平;同时,通过向委托财政机关提交政府财政运行综合绩效评价报告,为其加强下级政府财政管理和转移支付分配提供决策资料和参考依据。

2. 评价对象与范围

评价对象:平原县 A 镇人民政府财政运行。

评价范围:2023 年 1 月 1 日至 2023 年 12 月 31 日。

3. 评价依据

《中华人民共和国预算法》2018 年 12 月 29 日第十三届全国人民代表大会常务委员会第七次会议第二次修正;

《中共中央 国务院关于全面实施预算绩效管理的意见》(中发〔2018〕34号);

《国务院关于进一步深化预算管理制度改革的意见》(国发〔2021〕5 号);

《关于印发〈预算绩效评价共性指标体系框架〉的通知》(财预〔2013〕53 号);

《关于印发〈地方财政管理绩效综合评价方案〉的通知》(财预〔2014〕45号);

《财政部关于印发 2018 年县级财政管理绩效综合评价方案及结果的通知》(财预〔2018〕100 号);

《财政部关于印发〈地方财政管理工作考核与激励办法〉的通知》(财预〔2020〕3 号);

《中共山东省委山东省人民政府关于全面推进整体绩效管理的实施意见》(鲁发〔2019〕2 号);

《山东省乡村振兴促进条例》2021 年 5 月 27 日山东省第十三届人民代表大会常务委员会第二十八次会议通过;

《山东省人民政府关于进一步深化预算管理制度改革的实施意见》(鲁政发〔2021〕19 号);

《山东省乡镇政府人民政府工作条例》2020 年 6 月 12 日山东省第十三届

人民代表大会常务委员会第二十次会议通过;

《山东省人民政府办公厅关于印发〈山东省省级部门单位预算绩效管理办法〉和〈山东省省对下转移付资金预算绩效管理办法〉的通知》(鲁政办字〔2019〕20 号);

《山东省财政厅关于印发〈山东省省级政策和项目预算事前绩效评估管理暂行办法〉〈山东省省级部门单位原酸绩效运行监控管理暂行办法〉的通知》(鲁财绩〔2019〕5 号);

《山东省财政厅关于印发〈山东省省级部门和单位绩效管理暂行办法〉的通知》(鲁财绩〔2021〕1 号);

2023 年度 A 镇政府预算;

2023 年度 A 镇政府决算;

A 镇项目实施过程中记账凭证、明细表、余额表、相关合同以及其他财务会计、资产管理资料等;

A 镇政府"三定方案"。

A 镇提供的其他等相关资料。

4. 评价方法

鉴于本次绩效评价资金覆盖面广、资金规模大、管理方式各异,评价遵循"客观、规范、科学、公正"的原则,通过对镇政府整体绩效目标设定与分解、财政收入绩效、财政支出绩效、财政管理规范性和财政可持续性的比较和分析,对财政资金运行进行综合评价,主要采用的评价方法如下。

成本效益分析法,指将一定时期内的支出与效益进行对比分析,以评价绩效目标实现程度。

比较法,指通过对绩效目标与实际完成、历史与当期情况、县级和镇街同类支出的比较,综合评价绩效目标实现程度。

因素分析法,指通过对影响绩效目标实现、实施效果的内外因素综合分析,评价绩效目标实现程度。

最低成本法,指通过对效益确定却不易计量的多个同类对象的实施成本进行比较,评价绩效目标实现程度。

公众评判法,指通过专家评价、公众问卷及抽样调查等对财政运行效果进行评判,评价绩效目标实现程度。

其他评价方法。

5. 评价方式

评价方式采取现场和非现场评价相结合的方式。

（1）现场评价阶段。

① 了解情况。与镇街政府分管领导通过访谈等方式，了解镇街财政综合运行绩效目标设定情况及完成情况，财政管理制度建立及执行情况，财政收入支出规模及结构情况，财政运行相关项目实施及效果情况，财政人员配置、资金保障等可持续性等情况。

② 资料核查。通过审阅财政综合运行财务、业务相关资料，对乡镇提报的相关数据进行检查和核实。

③ 社会调查。按照项目实施方案，通过访谈、发放调查问卷等方式，了解财政综合运行情况实施效果和利益相关方满意度。

（2）非现场评价阶段。

以现场收集资料、实地勘查和社会调查等相关资料为基础，对预算管理、财政收入、财政支出、财政基础管理、财政运行成效和财政可持续性等内容进行分析评价。

在对财政运行绩效情况进行全面分析的基础上，对评价发现的问题提出改进意见或建议。

6. 绩效评价重点

收入支出绩效、财政自给能力情况；

税源建设及税收情况；

国有资产管理及收入上缴情况；

内部控制体系建立情况；

乡镇重要项目、工作履行情况及成效；

暂存款、暂付款管理情况；

预算绩效管理情况。

7. 绩效评价指标体系

根据镇政府财政综合运行指标体系框架，结合镇政府工作实际，确定绩效评价指标体系。该指标体系分为预算管理、收入绩效、支出绩效、财政基础管理、财政可持续性和财政运行绩效 6 个一级指标，一级指标下设置了预算编制情况等 23 个二级指标和预算编制科学性等 45 个三级指标。

预算管理指标主要评价预算编制情况、预算执行情况、预算绩效管理、预算调整情况及预算控制情况;收入绩效指标主要评价财源建设成效;支出绩效指标主要评价支出管理、控制和财政保障有关情况;财政基础管理指标主要评价乡镇内部制度的建立、内部控制、财务和资产的管理等情况;可持续性指标主要是评价财政供养人员规模、存量资金规模、地方往来款项清理、财政运行健康状况;财政运行成效指标主要评价财政运行效益及履职满意度情况。

本次绩效级次评定标准。本次综合绩效评价分为优、良、中、差4个等级,具体标准如下:

综合得分在90—100分(含90分)为优;

综合得分在80—90分(含80分)为良;

综合得分在60—80分(含60分)为中;

综合得分在60分以下为差。

8.评价人员组成

评价机构根据乡财政运行情况,成立由公司分管领导和业务骨干组成的综合绩效评价工作组,负责评价整体工作安排、组织实施、专家意见汇总和报告撰写等事宜。评价工作组由9名工作人员组成,其中包含1名财务专家、1名财务管理专家、1名绩效管理专家、4名项目经理、2名项目助理。财务专家及绩效管理专家具有相应资质或职称,在行业领域中具有多年从业经验,同时多次参与过绩效评价工作并熟悉绩效评价工作流程;财务管理专家具有丰富的财会知识和管理经验,熟悉评价单位、评价规范和技术规范。

9.评价时间及主要工作进程安排

本次绩效评价工作包括前期准备、组织实施、撰写与提交绩效评价报告三个方面。依据委托时间要求,将绩效评价工作的时间安排为2024年8月15日至2024年9月31日。(具体安排见表4-19)

(1)前期准备阶段。

评价工作组与平原县财政局、平原县A镇人民政府等进行沟通,了解情况。同时通过查阅网络文献,补充了解相关资料。通过前期调研熟悉A镇人民政府财政收入与财政支出资金的预决算、内部控制、管理机制、资金使用、产出等情况,制订了工作方案。

(2)组织实施阶段。

进行现场评价时,复核数据资料,了解A镇人民政府整体支出的实际进展情况,开展访谈工作。对已掌握的有关信息资料进行分类、整理、分析,得出初步结论,然后与A镇人民政府沟通有关问题。

（3）撰写与提交评价报告阶段。

在撰写评价报告过程中,依据评分标准对绩效指标进行评分,并通过绩效分析形成评价结论。在此基础上,撰写绩效评价报告初稿。将评价报告报送委托方确认后,进行修改并定稿。

表 4-19　2023 年度 A 镇政府财政运行综合绩效评价主要工作进程安排表

时间	阶段	任务
8 月 15 日—8 月 25 日	前期准备	了解项目信息,制订工作方案
8 月 26 日—8 月 28 日	收集资料和获取信息	收集实施单位相关资料和信息
8 月 29 日—9 月 7 日	非现场评价	查阅相关财务资料、组织和实施材料,进行非现场评价
9 月 8 日—9 月 19 日	现场评价和指标评价	对照资料查看现场,走访询问,进行现场评价
9 月 20 日—9 月 25 日	绩效报告拟稿	绩效报告拟稿
9 月 26 日—9 月 31 日	评价报告审核提交	评价报告审核提交

（三）绩效评价结论及分析

2023 年度 A 镇人民政府财政运行综合绩效评价得分为 84.56 分,评价等级为"良"。（评价结果见表 4-20）

表 4-20　2023 年度 A 镇政府财政运行综合绩效评价结果总表

序号	一级指标	权重	得分	得分率（%）	等级
1	预算管理	20	18.73	93.65	
2	收入绩效	6	4.50	75.00	
3	支出绩效	10	8.00	80.00	
4	财政基础管理	27	23.00	85.19	
5	财政可持续性	13	11.00	84.62	
6	财政运行成效	24	19.33	80.54	
	合计	100	84.56	84.56	良

（四）绩效指标分析

1. 预算管理分析

预算管理评分指标包括预算编制情况、预算执行情况、预算绩效管理、预算调整情况、预算控制情况 5 个二级指标。在预算管理方面,预算管理指标分值 20 分,2023 年度 A 镇政府得分 18.73 分,得分率为 93.65%。(具体情况见表 4-21)

表 4-21　2023 年度 A 镇政府预算管理得分表

一级指标	二级指	三级指标	分值	得分	得分率(%)
预算管理	预算编制情况	预算编制科学性	2	2	100
		预算编制规范性	2	2	100
		预算编制细化程度	2	2	100
	预算执行情况	预算执行合规性	2	2	100
	预算绩效管理	绩效目标	3	3	100
		绩效自评	3	2.4	80
		绩效公开	2	2	100
	预算调整情况	一般公共预算调整率	2	1.33	66.50
	预算控制情况	预算编制约束性	2	2	100
合计			20	18.73	93.65

(1)预算编制情况。

该指标共设置预算编制科学性、预算编制规范性、预算编制细化程度 3 个三级指标,分值共 6 分,得分 6 分,得分率为 100%。

① 预算编制科学性。

该指标分值 2 分,评价得分 2 分。该指标主要反映和考评乡镇财政预算综合管理水平。

通过查看 A 镇提交的材料,考查本级乡镇发展规划、编委文件、年度工作计划、四本预算情况,未发现预算编制与以上事项不符情况。根据评分标准,本项得分 2 分。

② 预算编制规范性。

该指标分值 2 分,评价得分 2 分。该指标主要反映乡镇预算编制是否规范。

通过查看 A 镇提交的材料,如《2023 年财政预算执行情况和 2024 年财政预算草案的报告》,确认预算编报程序规范,预算编制按照政府收支分类科目编制预算,功能科目和经济科目使用准确。根据评分标准,本项得分 2 分。

③ 预算编制细化程度。

该指标分值 2 分,评价得分 2 分。该指标主要反映乡镇预算编制是否细化。

通过查看 A 镇提交的材料,如 2023 年部门预算套表,未发现预算编制不符合规定的情形。根据评分标准,本项得分 2 分。

(2)预算执行情况。

该指标共设置预算执行合规性 1 个三级指标,分值共 2 分,得分 2 分,得分率为 100%。该指标主要反映一般公共预算执行情况是否与预算编制内容相符,是否存在无预算、超预算安排支出的情况。

A 镇提交的材料显示,A 镇人民政府 2023 年初预算较少,后期调整金额较大,年终决算金额等于年初预算金额加调整金额之和。通过查看 A 镇提供的财务资料,未发现无预算、超预算安排支出的情况。根据评分标准,本项得分 2 分。

(3)预算绩效管理。

该指标共设置绩效目标、绩效自评、绩效公开 3 个三级指标,分值共 8 分,得分 7.4 分,得分率为 92.5%。具体情况如下。

① 绩效目标。

该指标分值 3 分,评价得分 3 分。该指标主要分析和反映预算绩效目标编制情况。

A 镇提交的材料显示,A 镇各内设机构 2023 年预算项目均按照平原县财政预算绩效管理要求申报年度绩效目标,年度绩效目标依据充分。根据评分标准,本项得分 3 分。

② 绩效自评。

该指标分值 3 分,评价得分 2.4 分。该指标主要分析和反映预算绩效自评工作开展情况。

通过查看 A 镇提交的预算绩效自评报告,发现绩效自评指标中具体社会效益指标为提高、改善等不可量化、不可衡量的指标,扣 0.3 分。同时发现 2023 年度乡镇党报党刊征订经费绩效自评设置三级指标"疫情防控辖区内群众满意度",2023 年疫情已基本结束,因此本指标设置不切合实际,扣 0.3 分。根据评分标准,本项 2.4 分。

③ 绩效公开。

该指标分值 2 分,评价得分 2 分。该指标主要分析和反映预算绩效公开工作开展情况。

A 镇人民政府已在政府网站公开预算情况,未发现绩效公开不规范情况,根据评分标准,本项得分 2 分。

（4）预算调整情况。

该指标共设置一般公共预算调整率 1 个三级指标,分值共 2 分,得分 1.33 分,得分率为 66.5%。该指标考核本年度一般公共预算支出预算调整数与年初预算数的比率,用以反映和评价预算的调整程度。

A 镇人民政府 2023 年初预算 1 900.42 万元,经预算调整后 2023 年度预算 2 217.9 万元,预算调整数 317.48 万元,预算调整率为 16.71%,根据评分标准,本项得分 1.33 分。

（5）预算控制情况。

该指标共设置预算编制约束性 1 个三级指标,分值共 2 分,得分 2 分,得分率为 100%。该指标主要评价乡镇预算编制的刚性约束。

A 镇提交的决算报表显示,一般公共预算净结余为 0,2023 年一般公共预算收入减一般公共预算为 0。根据评分标准,本项得分 2 分。

2. 收入绩效

该指标包括财源建设成效 1 个二级指标,下又设 3 个三级指标。该指标分值共 6 分,得分 4.5 分,得分率为 75%。（具体情况见表 4-22）

表 4-22　2023 年度 A 镇收入绩效得分表

一级指标	二级指标	三级指标	分值	得分	得分率（%）
收入绩效	财源建设成效	重点税源管理	2	1.50	75
		吸引或新培育企业税收贡献规模	2	1.00	50
		税收收入增速	2	2.00	100
合计			6	4.50	75

财源建设成效指标共设置重点税源管理、吸引或新培育企业税收贡献规模、税收收入增速 3 个三级指标,分值共 6 分,得分 4.5 分,得分率 75%。具体情况如下。

（1）重点税源管理。

该指标分值 2 分,评价得分 1.5 分。该指标体现纳税 50 万以上企业在地区数量增长和纳税情况,用以反映地区招商引资带动税源增长现状。

根据 A 镇人民政府提供的纳税统计明细表,2022 年纳税 50 万以上企业 2 个,2023 年纳税 50 万以上企业 2 个,较 2022 年数量保持不变,得 0.5 分。2023

年纳税 50 万以上企业纳税额为 1 839 万元,年度税收收入为 2 286 万元,占比 80.45%,得 1 分。根据评分标准,本项得分 1.5 分。

(2)吸引或新培育企业税收贡献规模。

该指标分值 2 分,评价得分 1 分。该指标反映地方政府吸引或将税源引入的收入规模较大企业的税收贡献情况。

根据 A 镇提供纳税统计明细表,2023 年纳税 50 万以上企业纳税额为 1 839 万元,2022 年纳税 50 万以上企业纳税额为 1 741 万元,增长率为 5.63%,增长率在-10%(包含)—10%(不包含)之间,根据评分标准,本项得分 1 分。

(3)税收收入增速

该指标分值 2 分,评价得分 2 分。该指标主要反映地方政府税收收入增长情况。

根据 A 镇提供纳税统计明细表,本年地方级税收收入 1 309 万元,上年地方级税收收入 1 167 万元,地方级税收收入增速 12.17%,根据评分标准,本项得分 2 分。

3. 支出绩效

该指标包括支出管理情况、支出控制情况、支出合规情况 3 个二级指标。在支出绩效方面,支出绩效指标分值 10 分,得分 8 分,得分率为 80%。(具体情况见表 4-23)

表 4-23　2023 年度 A 镇支出绩效得分表

一级指标	二级指标	三级指标	分值	得分	得分率(%)
支出绩效	支出管理情况	支出预算执行率	2	2	100
		支出预算调整合规性	2	0	0
	支出控制情况	"三公"经费控制率	2	2	100
		公用经费控制率	1	1	100
	支出合规情况	三保保障情况	1	1	100
		资金使用合规性	2	2	100
合计			10	8	80

(1)支出管理情况。

该指标共设置支出预算执行率、支出预算调整合规性 2 个三级指标,分值共 4 分,得分 2 分,得分率 50%。具体情况如下。

① 支出预算执行率。

该指标分值 2 分,评价得分 2 分。该指标主要反映和评价乡镇预算实际执行情况。

根据 A 镇人民政府提交的材料,2023 年预算执行数 2 474.14 万元,调整后预算数 2 474.14 万元,预算执行率 100%,根据"执行率在 90%—100% 之间(超过 100% 按 100% 计算)的得满分,每下降 1 个百分点扣 0.2 分,扣完为止,满分为 2 分"的评分标准,本项得分 2 分。

② 支出预算调整合规性。

该指标分值 2 分,评价得分 0 分。该指标主要考评支出预算调整方式是否符合相关规定。

预算调整率为 16.71%,A 镇人民政府 2023 年的预算调整未召开人大批准会议,不符合《中华人民共和国预算法》和相关规定。本指标满分 2 分,得 0 分。

(2)支出控制情况。

该指标共设置"三公"经费控制率、公用经费控制率 2 个三级指标,分值共 3 分,得分 3 分,得分率为 100%。具体情况如下。

①"三公"经费控制率。

该指标分值 2 分,评价得分 2 分。该指标主要反映和考核单位对"三公"经费的实际控制程度。

A 镇人民政府 2023 年"三公"经费预算 13.1 万元,其中公务用车运行维护费 9.6 万元、公务接待费 3.5 万元、因公出国(境)费用 0 元;A 镇人民政府 2023 年"三公"经费实际支出 7.59 万元,其中公务接待费 1.28 万元,公务用车购置和运行维护费 6.31 万元,三公经费控制率为 57.94%,根据评分标准,本项得分 2 分。

② 公用经费控制率。

该指标分值 1 分,评价得分 1 分。该指标主要反映和评价对机构运转成本的实际控制程度。

A 镇人民政府 2023 年公用经费预算 212.16 万元,实际支出 103.04 万元,公用经费控制率为 48.57%。根据评分标准,本项得分 1 分。

(3)支出合规情况。

该指标共设置三保保障情况、资金使用合规性 2 个三级指标,分值共 3 分,得分 3 分,得分率为 100%。具体情况如下。

① 三保保障情况。

该指标分值1分,评价得分1分。该指标主要反映乡镇"保工资、保运转、保基本民生"政策执行情况。

通过现场沟通及查看账簿等材料,确认公务员、义务教育阶段教师等事业单位人员的基本工资、津贴补贴、工资附加按时发放,机关事业单位自身运转、完成日常工作任务所发生的办公费、水电费、办公设备购置费等支出能够正常支付;制定了教育、社会保障、医疗卫生等基本民生保障政策。"保工资、保运转、保基本民生"政策执行情况良好,未发现保障不到位情况,根据评分标准,本项得分1分。

② 资金使用合规性。

该指标分值2分,评价得分2分。该指标主要反映和评价政府预算资金的规范运行情况。

通过现场沟通及抽查凭证,确认A镇人民政府2023年资金使用符合国家财经法规、财务管理制度及有关部门资金管理办法的规定;资金的拨付有完整的审批过程和手续;项目的重大开支经过评估论证;符合部门预算批复的用途;不存在截留、挤占、挪用、虚列支出情况;不存在上级部门审计、巡视中发现问题被单独通报、批评、反映,或被媒体曝光造成不良影响的情况。资金使用未发现不符合相关预算财务管理制度规定的情况。根据评分标准,本项得分2分。

4. 财政基础管理

该指标包括内部控制建设、行政运行控制、资金管理、会计核算、资产管理、政府采购管理、决算管理、信息公开8个二级指标。在财政基础管理方面,财政基础管理指标分值27分,得分23分,得分率为85.19%。(具体情况见表4-24)

表4-24　2023年度A镇财政基础管理得分表

一级指标	二级指标	三级指标	分值	得分	得分率(%)
财政基础管理	内部控制建设	内控组织情况	1	1	100
		内部控制制度建设情况	1	0	0
		内部控制制度执行情况	2	1.8	90
	行政运行控制	公务人员控制率	2	2	100
		事业人员控制率	2	2	100
		临聘人员控制率	1	0.2	20

续表

一级指标	二级指标	三级指标	分值	得分	得分率(%)
财政基础管理	资金管理	乡镇资金管理	3	3	100
		村级资金管理	2	0	0
	会计核算	会计核算	4	4	100
	资产管理	资产入账管理	1	1	100
		资产日常管理	1	1	100
		资产处置情况	1	1	100
	政府采购管理	政府采购管理	2	2	100
	决算管理	决算编制质量	2	2	100
	信息公开	预决算信息公开	2	2	100
合计			27	23	85.19

（1）内部控制建设。

该指标共设置内控组织情况、内部控制制度建设情况、内部控制制度执行情况3个三级指标，分值共4分，得分2.8分，得分率为70%。

① 内控组织情况。

该指标分值1分，评价得分1分。该指标反映乡镇内部控制领导小组建设情况。

根据A镇提供的材料，A镇人民政府制定内部控制报告，成立了内控领导小组和内控工作小组，明确内部控制牵头部门，根据评分标准，本项得分1分。

② 内部控制制度建设情况。

该指标分值1分，评价得分0分。该指标主要反映乡镇内部控制制度建设情况。

根据A镇提交的材料，A镇缺少建设工程管理办法、政府采购管理办法、固定资产管理办法、财政资金监管制度等监督管理制度。根据评分标准，本项得分0分。

③ 内部控制制度执行情况。

该指标分值2分，评价得分1.8分。该指标主要反映乡镇内部控制制度执行情况。

根据A镇提交的材料及抽查凭证发现，2022年张官店党群服务中心配套设备采购项目,政府采购 409 500 元,合同未按照制度规定加盖政府采购办或委托第三方机构公章。根据评分标准,扣 0.2 分,本项得分 1.8 分。

(2)行政运行控制。

该指标共设置公务人员控制率、事业人员控制率、临聘人员控制率 3 个三级指标,分值共 5 分,得分 4.2 分,得分率为 84%。

① 公务人员控制率。

该指标分值 2 分,评价得分 2 分。该指标主要反映和评价单位对公务人员的控制程度。

根据中共平原县委机构编制委员会印发《关于调整乡镇(街道)行政事业编制的通知》(平编〔2019〕8 号)、《关于调整乡镇(街道)行政事业编制的通知》(平编〔2020〕28 号)核定行政编制 35 名,根据提供数据了解到,实有行政编制人员 32 名,行政编制人员控制率为 91.43%。根据评分标准,本项得分 2 分。

② 事业人员控制率。

该指标分值 2 分,评价得分 2 分。该指标主要反映和评价单位对事业人员的控制程度。

根据中共平原县委机构编制委员会印发《关于调整乡镇(街道)行政事业编制的通知》(平编〔2019〕8 号)、《关于向乡镇(街道)下沉事业编制的通知》(平编〔2020〕25 号)、《关于加强乡镇(街道)消防安全力量配备的通知》(平编〔2021〕9 号)核定事业编制 50 名,根据提供数据了解到,实有事业编制 45 名,事业人员控制率为 90%,根据评分标准,本项得分 2 分。

③ 临聘人员控制率。

该指标分值 1 分,评价得分 0.2 分。该指标主要反映和评价单位对临聘人员的控制程度。

根据中共平原县委机构编制委员会印发《关于调整乡镇(街道)行政事业编制的通知》(平编〔2019〕8 号)、《关于调整乡镇(街道)行政事业编制的通知》(平编〔2020〕28 号)、《关于向乡镇(街道)下沉事业编制的通知》(平编〔2020〕25 号)、《关于加强乡镇(街道)消防安全力量配备的通知》(平编〔2021〕9 号)核定行政编制 35 名、事业编制 50 名,共计 85 名。根据提供数据了解到实有临聘人员 12 名,临聘人员控制率为 14.11%,根据评分标准,本项得分 0.2 分。

(3)资金管理。

该指标共设置乡镇资金管理、村级资金管理 2 个三级指标,分值共 5 分,得分 3 分,得分率为 60%。

① 乡镇资金管理。

该指标分值 3 分,评价得分 3 分。该指标主要反映乡镇的账户运转情况。

通过现场沟通及查看财务资料,确认 A 镇人民政府无现金,账实相符。银行存款及时对账,每月对银行存款进行核对,账实相符。实行国库集中支付改革,使用零余额账户结算。根据评分标准,本项得分 3 分。

② 村级资金管理。

该指标分值 2 分,评价得分 0 分。该项指标主要反映村级资金监督管理情况。

通过现场沟通及查看财务资料,将村级资金与银行存款资金进行核对,发现经管站银行账户 2023 年年底银行余额与各村 2023 年年底银行明细账余额不符,且 A 镇人民政府在村级资金监督管理方面未制定相关制度。根据评分标准,扣 2 分,本项得 0 分。

(4)会计核算。

该指标共设置会计核算 1 个三级指标,分值共 4 分,得分 4 分,得分率为100%。具体情况如下。

该指标分值 4 分,评价得分 4 分。该指标主要反映会计主体已经发生或已经完成的经济活动进行核算的情况。

根据 A 镇人民政府提交的材料及抽查凭证,发现原始凭证真实、合法、完整,经办人批准人签字手续完备,要素齐全、装订成册,摘要简明扼要;会计科目、记账方向、金额正确,账账相符,账实相符,凭证装订成册。根据评分标准,本项得 4 分。

(5)资产管理。

该指标共设置资产入账管理、资产日常管理、资产处置情况 3 个三级指标,分值共 3 分,得分 3 分,得分率为 100%。

① 资产入账管理。

该指标分值 1 分,评价得分 1 分。该指标主要反映乡镇资产入账管理情况。

A 镇人民政府资产均已入账,在实地抽查中,所有资产均按要求入账。根据评分标准,本项得分 1 分。

② 资产日常管理。

该指标分值 1 分,评价得分 1 分。该指标主要反映乡镇资产日常管理情况。

A 镇人民政府在 2023 年进行全面资产清查,对资产均编码贴码。根据评分标准,本项得分 1 分。

③ 资产处置情况。

该指标分值 1 分,评价得分 1 分。该指标主要反映固定资产报废、处置情况。

通过现场沟通及查看财务资料,2023 年度 A 镇人民政府无固定资产报废、处置不规范情况。根据评分标准,本项得分 1 分。

（6）政府采购管理。

该指标共设置政府采购管理 1 个三级指标,分值共 2 分,得分 2 分,得分率为 100%。该指标分值 2 分,评价得分 2 分。该指标主要反映乡镇政府采购工作的执行情况。

通过现场沟通及查看财务资料,发现 2023 年度 A 镇人民政府无政府采购项目,根据评分标准,本项得分 2 分。

（7）决算管理。

该指标共设置决算编制质量 1 个三级指标,分值共 2 分,得分 2 分,得分率为 100%。该指标主要反映部门决算编制的及时、规范、完整、真实情况。

根据 A 镇人民政府提交的材料,未发现不按照部门决算编制要求及时、规范、完整、真实编制部门决算的情况。根据评分标准,本项得分 2 分。

（8）信息公开。

该指标共设置预决算信息公开 1 个三级指标,分值共 2 分,得分 2 分,得分率为 100%。该指标主要反映和评价预决算管理的公开透明情况。

对 A 镇人民政府的预决算公开情况进行检查,发现其已按规定内容公开预决算信息,公开内容与实际相符,信息公开内容规范,无排版错误、错字等明显失误,本项得分 2 分。

5. 财政可持续性

该指标包括盘活存量资金、暂存暂付款清理、行政运行节约度、财政运行健康状况 4 个二级指标。在财政可持续性方面,财政可持续性指标分值 13 分,得分 11 分,得分率为 84.62%。（具体情况见表 4-25）

表 4-25 2023 年度 A 镇财政可持续性得分表

一级指标	二级指标	三级指标	分值	得分	得分率（%）
财政可持续性	盘活存量资金	财政存量资金规模	2	2	100
	暂存暂付款清理	清理压缩暂存款	2	2	100
		清理压缩暂付款	2	2	100
	行政运行节约度	财政供养比	2	2	100

续表

一级指标	二级指标	三级指标	分值	得分	得分率(%)
财政可持续性	财政运行健康状况	健康指数	5	3	60
合计			13	11	84.62

（1）盘活存量资金。

该指标共设置财政存量资金规模 1 个三级指标，分值共 2 分，得分 2 分，得分率为 100%。该指标主要反映单位财政存量资金盘活情况。

通过查看财务资料及现场沟通，发现 A 镇人民政府不存在支出进度慢、盘活存量资金不力、该用未用、使用绩效低下的情况，根据评分标准，本项得分 2 分。

（2）暂存暂付款清理。

该指标共设置清理压缩暂存款、清理压缩暂付款 2 个三级指标，分值共 4 分，得分 4 分，得分率为 100%。具体情况如下。

① 清理压缩暂存款。

该指标分值 2 分，评价得分 2 分。该指标主要反映各地清理压缩暂存款情况。

A 镇人民政府 2022 年末暂存款 454 097.25 元，2023 年末暂存款 169 765.75 元，暂存款动态压减率为 −167.48%，根据评分标准，本项得分 2 分。

② 清理压缩暂付款。

该指标分值 2 分，评价得分 2 分。该指标反映各地清理压缩暂付款情况。

A 镇人民政府 2022 年末暂付款 91 650 元，2023 年末暂付款 36 125 元，暂付款动态压减率为 −60.58%，根据评分标准，本项得分 2 分。

（3）行政运行节约度。

该指标共设置财政供养比 1 个三级指标，分值共 2 分，得分 2 分，得分率为 100%。该指标分值 2 分，评价得分 2 分。该指标主要反映镇街财政供养人口数量是否合理及政府运行成本控制情况。

2023 年度 A 镇财政供养人数 168 人，全镇人口 35 000 人，财政供养比为 0.48%，根据评分标准，本项得分 2 分。

（4）财政运行健康状况。

该指标共设置健康指数 1 个三级指标，分值共 5 分，得分 3 分，得分率 100%。该指标分值 5 分，评价得分 3 分。该指标主要反映镇街财政健康指数。

2023 年度 A 镇财政自给率为 55.41%；年度纳税规模 500 万以上企业包括平原恒丰科技有限公司、山东诚汇双达药业有限公司 2 家；与 2022 年对比，2023 年税收收入呈现上升趋势；对单个纳税企业存在一定的依赖度；截至 2023 年 12 月，负债总额为 2 408.85 万元，2023 年年底乡镇同期税收收入加非税收入为 1 371 万元，债务比率为 175.7%。根据评分标准，本项得分 3 分。

6.财政运行成效

该一级指标包括效益、满意度 2 个二级指标。在财政运行成效方面，财政运行成效指标分值 24 分，得分 19.33 分，得分率 80.54%。（具体情况见表 4-26）

表 4-26　2023 年度 A 镇财政运行成效得分表

一级指标	二级指标	三级指标	分值	得分	得分率(%)
财政运行成效	效益	就业稳定	4	4.00	100.00
		双招双引	4	2.56	64.00
		乡村振兴	4	3.57	89.25
		环境保护	3	1.2	40.00
		社会安全	3	2.91	97.00
	满意度	政府履职满意度	4	3.89	97.25
		县委县政府考绩	2	1.2	60.00
合计			24	19.33	80.54

（1）效益。

该指标共设置就业稳定、双招双引、乡村振兴、环境保护、社会安全 5 个三级指标，分值共 18 分，得分 14.24 分，得分率 79.11%。具体情况如下。

① 就业稳定。

该指标分值 4 分，评价得分 4 分。该指标主要反映乡镇就业情况。

根据 A 镇人民政府提供资料，2023 年新增就业人数 2 000 人，新增就业人数为正数。根据评分标准，本项得 4 分。

② 双招双引。

该指标分值 4 分，评价得分 2.56 分。该指标主要反映乡镇招商引才情况。

根据平原县 2023 年度乡镇（街道）高质量发展综合绩效考核指标标准，A 镇对外开放提档升级指标得分 45.09 分，排名第十，得分率为 64%，根据评分标准，本指标满分 4 分，得分 2.56 分。

③ 乡村振兴。

该指标分值 4 分,评价得分 3.57 分。该指标主要反映乡镇乡村振兴工作情况。

根据平原县 2023 年度乡镇(街道)高质量发展综合绩效考核表,A 镇乡村振兴项目 156.31 分,排名第九。根据评分标准,本项得分 3.57 分。

④ 环境保护。

该指标分值 3 分,评价得分 1.2 分。该指标主要反映乡镇环境保护污染防治情况。

根据 A 镇提供的《2022 年 1—12 月份各乡镇(街道)空气质量情况通报》,汇总得到 A 镇评价结果为合格。根据评分标准,本项得分 1.2 分。

⑤ 社会安全。

该指标分值 3 分,评价得分 2.91 分。该指标主要反映乡镇社会安全稳定情况。

通过问卷形式进行调查,收集有效问卷 120 份,经统计分析,"非常满意"占 92.5%,"满意"占比 6.67%,"基本满意"占比 0.83%。根据评分标准,本项得分 2.91 分。

(2)满意度。

该指标共设置政府履职满意度、县委县政府考绩 2 个三级指标,分值共 6 分,得分 5.09 分,得分率为 84.83%。具体情况如下。

① 政府履职满意度。

该指标分值 4 分,评价得分 3.89 分。该指标主要反映社会公众对当地政府履职效能的满意程度。

通过问卷形式进行调查,收集有效问卷 120 张,经统计分析,按比例加权计算每一问题的得分,最终得分取平均值,根据评分标准,本项得分 3.89 分。

② 县委县政府考绩。

该指标分值 2 分,评价得分 1.2 分。该指标主要反映县政府对乡镇年度财政运行工作的满意度。

根据平原县 2023 年度乡镇(街道)高质量发展综合绩效考核指标标准,A 镇综合排名得分 1 316.13 分,排名第九,为第三等,根据评分标准,本项得分,评价得分 1.2 分。

（五）主要经验及做法

1. 狠抓项目建设，高质量发展支撑不断增强

平原县A镇投资10亿元德州新势立精细化工有限公司年产8 500吨原药、中间体项目一期已试生产。投资2.5亿元山东国瑞集团50MW光伏发电项目，年底前进场施工。诚汇双达投资1.3亿元的高端创新原料药转型升级及绿色生产项目已试生产。投资1亿元"晟昊生物年产39万吨复合肥及高端微生物菌肥项目"12月即将投产。投资1.2亿元建设的"花神谷年产1 200万支仿真花项目"即将全面投产，建成后厂区直接用工可达100余人，可依托全镇12个共富工坊、50余个加工点，生产仿真花、手套、假发，辐射带动1.2万名群众家门口就业，每天增收50—100元。

2. 厚植农业根基，高质量发展态势持续向好

平原县A镇深入贯彻落实藏粮于地、藏粮于技战略，投资6 000万元建设3.03万亩高标准农田，2023年度麦季粮王大赛全县排名第五。投资3.87亿元占地500亩的"平原玫瑰花高新技术示范基地建设项目"和"出栏120万只肉鸽项目"，正在进行征地清表。实施灌溉排水、田块整治、生产路改造等，投资200余万元惠及5个村的水库移民资金项目已基本完工，投资59万余元对6条淤堵坍塌重点引水沟渠进行了集中清挖，投资58万元的张官店坑塘美化提升工程已竣工，完成30个村、500余亩坑塘和低洼闲散的土地整理规划并上报省自然资源厅进行立项，进一步改善了农业基础条件，为乡村振兴注入新动能。

3. 繁荣城镇建设，高质量发展空间不断拓展

平原县A镇围绕"八清零一提升"，开展"百村万户大提升、共筑幸福新家园"暨农村人居环境整治集中攻坚行动，对镇驻地及各村人居环境进行起底式清理，截至目前已全部达到整建制验收标准。修剪平苏路、平腰路、林腰路以及各村内主道树木共计94.6千米。维护修缮驻地街道路牙石、破损井篦50余处。出动机械3台，人工3 600人次，集中养护公路9次，合计210余千米，路树涂白20千米，路肩上土2 500方。第二季度人居环境考核排名全县第三，全市第二十。德州盈嘉贸易有限公司、平原和味餐饮有限公司、平原县苏佰味花生米加工项目等服务业积聚商业街，城镇人口承载力、内需带动力、发展竞争力不断增强。加强特色中心村打造，张官店村获评2023年度德州市乡村文化建设样板村，通过全国美丽宜居示范村省级验收。

4. 办好民生事业,高质量发展成果人人共享

平原县 A 镇积极推进"三类地"开发利用,"小挂钩"项目已经复垦验收 20 亩,正在立项 100 亩,开辟集体增收新路径。高标准打造退役军人服务站,顺利迎接了全市目标绩效考核现场会。为张官店村申报全国示范性老年友好社区,让群众老有所依、老有所乐。聚焦群众关心的"关键小事",投资 124 万元建设占地 5.4 亩的农机存放处,推出"开放政府大院和各类公共区域晒粮"典型经验,得到市委主要领导批示,被人民网、新华网、大众日报等 49 家官方主流媒体平行报道,获得了广泛称赞。在全县设立首个新风公益基金慈善组织,支出新风公益基金 12 余万元,开展拥军助学、助残助困、节日慰问、模范表彰等各类新风公益活动 200 余场,受益群众 900 余人。

5. 锤炼干部队伍,高质量发展活力充分激发

开展业务大讲堂 50 余次,到浙江、河南多地对标学习 5 次,每周落实卫生大清理,在习近平新时代中国特色社会主义思想主题教育中开展"初心向党、真心为民、暖心助企、安心保障"大走访,走访 3 000 余户,填写调查问卷 12 000 余份。以机关干部承诺、亮诺、践诺、评诺"四诺"活动贯穿全年,完善重点工作台账和问题台账两本台账,加强日常调度和督促跟进,形成工作安排、推进、考核、提升工作闭环,做到了"事事有回音、件件有成效"。在村党支部书记中开展"我为群众办实事"百日竞赛,截至目前已为民办理实事 85 件,正在办理中 96 件。镇本级为 93 个村活动场所安装了免费 WIFI。加强年轻干部培养储备,启动第二批"青蓝工程"师徒结对,17 名年轻干部向老干部拜师学艺,形成以老带新传帮带、以新促老共成长的生动局面。

(六)存在问题及原因分析

1. 预算编制不合理,预算调整率较大

A 镇 2023 年预算调整数较大,2023 年度年初预算为 1 900.42 万元,预算 2023 年预算为 2 217.9 万元,预算调整数 317.48 万元,预算调整率为 16.71%,预算调整率较大,且预算调整未经过本级人大批准,不符合《中华人民共和国预算法》和相关规定,年初预算编制水平及合理性有待提高,应加强预算编制及调整的管理。

2. 乡镇财政税收管理体制不健全

乡镇财政预算管理不精细,上面一根针下面千条线,乡镇工作面向广大群众,任务类型复杂多变,而没有准确、细致的财政预算管理就可能会造成财政资

金的浪费。部分乡镇领导没有认识到财政预算编制的重要性,认为这仅仅是财政人员的事情,这间接影响了乡镇其他部门的积极性,编制的预算就与实际情况有较大的出入,资金使用时随意性较大。

财政部门及乡镇其他部门与税务部门没有形成联动机制和信息共享机制,沟通少、协调慢,随着企业数量的增加和个体工商户占比的提升使得税收管理工作量增大。征税除了税务部门是征税主体外,还需要乡镇政府各部门与税务部门共享信息、紧密配合、积极沟通协调。

3.内控制度建设不健全

A镇缺少建设工程管理办法、政府采购管理办法、固定资产管理办法、财政资金监管制度等监督管理制度,需进一步建设完善内控制度。

4.内部控制制度执行不到位

A镇未严格执行内部控制制度,例如,2022年张官店党群服务中心配套设备采购项目,政府采购409 500元,合同未按照制度规定加盖政府采购办或委托的第三方机构公章。

（七）意见建议

第一,规范单位预决算编制,提高预算编制前瞻性和科学性。
第二,加强财政基础管理,提高内部管理水平。
第三,加强资金使用管理。

（八）其他说明

数据质量是评价科学性和客观性的基础。本次评价采集的数据受采集时间、数据来源等影响,如数据出现偏差可能会对评价事项带来一定的影响。

参考文献

[1] 曹堂哲,罗海元,孙静. 政府绩效测量与评估方法:系统、过程与工具[M]. 北京:经济科学出版社,2017.

[2] 丛树海. 公共支出绩效评价的治理逻辑[J]. 经济管理. 2017(8):12-18.

[3] 高培勇. 财税体制改革与国家治理现代化[M]. 北京:社会科学文献出版社,2014.

[4] 贾康. 中国财政体制改革研究[M]. 北京:经济科学出版社,2018.

[5] 楼继伟. 中国政府间财政关系再思考[M]. 北京:中国财政经济出版社,2016.

[6] 李燕,王泽彩. 绩效预算指标设计的理论与实践[J]. 中国行政管理. 2020(3):48-50.

[7] 马海涛,曹堂哲,王红梅. 预算绩效管理理论与实践[M]. 北京:中国财政经济出版社,2020.

[8] 王雍君. 公共财政学[M]. 北京:北京师范大学出版社,2009.

[9] 王韶华. 中国财政支出绩效评价研究[M]. 武汉:湖北科学技术出版社,2016.

[10] 王罡,贠晓哲. 财政政策绩效评价的"五性维度"[J]. 新理财:政府理财. 2016(2):88-89.

[11] 中华人民共和国财政部. 项目支出绩效评价管理办法[EB/OL]. (2020-02-25)[2024-06-19]. http://jx.mof.gov.cn/xxgk/zhengcefagui/202003/t20200313_3482298.htm.

[12] 郑涌,等. 全面实施预算绩效管理:理论、制度、案例及经验[M]. 北京:中国财政经济出版社,2021.